MULHERES MAIS PARECIDAS COM JESUS

CAROL SUE MERKH
E DAVID MERKH

MULHERES MAIS PARECIDAS COM JESUS

{ A JORNADA FEMININA PARA REFLETIR O CARÁTER E A CONDUTA DO FILHO DE DEUS }

hagnos

© 2024 por Carol & David J. Merkh

1ª edição: janeiro de 2024
2ª reimpressão: setembro de 2024

Revisão: Adriana B. Merkh e Francine Torres
Diagramação: Letras Reformadas
Capa: Rafael Brum
Editor: Aldo Menezes
Coordenador de produção: Mauro Terrengui
Impressão e acabamento: Imprensa da Fé

As opiniões, as interpretações e os conceitos emitidos nesta obra são de responsabilidade de quem a escreveu e não refletem necessariamente o ponto de vista da Hagnos.

Todas as citações bíblicas são da *Almeida Revista e Atualizada* (RA), da Sociedade Bíblica do Brasil; Barueri, 1993; 2009.
Outras versões: *Nova Versão Internacional* (NVI), da Bíblica, Inc.; *Almeida Revista e Corrigida* (RC), da SBB.

Todos os direitos desta edição reservados à
Editora Hagnos Ltda.
Rua Geraldo Flausino Gomes, 42, conj. 41, São Paulo, SP, CEP 04575-060
Tel.: (11) 5990-3308

E-mail: hagnos@hagnos.com.br | Home page: www.hagnos.com.br

Editora associada à Associação Brasileira de Direitos Reprográficos (ABDR)

Dados Internacionais de Catalogação na Publicação (CIP)

Merkh, Carol S.

Mulheres [mais] parecidas com Jesus: a jornada feminina para refletir o caráter e a conduta do Filho de Deus. Carol Sue Merkh, David Merkh — São Paulo: Hagnos, 2024.

ISBN 978-85-7742-464-1

1. Mulheres cristãs
2. Mulheres e Jesus Cristo
3. Mulheres – Conduta
4. Fé
I. Título
II. Merkh, David

23-6184   CDD 248.843

Índices para catálogo sistemático:
1. Mulheres cristãs

Angélica Ilacqua CRB-8/7057

As minhas ovelhas ouvem a minha voz; eu as conheço, e elas me seguem. Eu lhes dou a vida eterna; jamais perecerão, e ninguém as arrebatará da minha mão.

(João 10:27,28)

Dedicado às mulheres que desejam acima de tudo ser mais parecidas com Cristo Jesus e viver uma vida de dependência dele.

Também dedicado às filhas, noras e netas, aquelas que me ensinaram o que é ser mãe, sogra e avó.

Às filhas e noras: Adriana, Michelle, Juliana, Rachel, Hannah, Keila.

E às netas: Lila, Lindsey, Natália, Ellena, Stella Hadassah (in memoriam), Annelyse, Joanna.

E às que ainda vão nascer.

Sumário

Endossos..11
Agradecimentos..17
Prefácio..19
Sobre este livro..21
Introdução...25

PARTE I:
LIÇÕES SOBRE O CARÁTER DE MULHERES QUE SÃO PARECIDAS COM JESUS

1. Mulheres no plano de Deus: a criação..29
2. Mulheres no plano de Deus: auxílio idôneo...41
3. Mulheres no plano de Deus: a queda...53
4. Mulheres no plano de Deus: a restauração..67
5. Mulheres que dependem de Jesus..83
6. Mulheres abençoadas para abençoar: A mulher virtuosa.................95
7. Mulheres submissas... 109
8. Mulheres como Sara.. 123

PARTE II:
LIÇÕES SOBRE A CONDUTA DE MULHERES QUE SÃO PARECIDAS COM JESUS

9. Mulheres que ouvem e praticam a Palavra...................................... 139
10. Mulheres que refletem Jesus 153
11. Mulheres como vasos 161
12. Mulheres como ovelhas... 171
13. Mulheres professoras... 183
14. Mulheres tranquilas... 195
15. Mulheres contentes.. 205

16. Mulheres gratas 217
17. Mulheres intencionais na maternidade 227
18. Mulheres belas – por dentro e por fora 235

Conclusão: Mulheres parecidas com Jesus 247

Apêndices
   Apêndice 1: Mulheres que Deus usou 251
   Apêndice 2: Conhecendo e sendo conhecido 255
   Apêndice 3: Caderno de oração 257
   Apêndice 4: Perguntas para perfis 261
   Apêndice 5: Modelo de certificado de conclusão 265
Sobre os autores 267
Outros livros dos autores 269

Endossos

O livro *Mulheres [mais] parecidas com Jesus*, da Carol Merkh, nos surpreende pelo aprofundamento teológico e pelo enfoque dado à necessidade de a mulher cristã crescer no conhecimento bíblico para ter um bom desenvolvimento em seu caráter e em sua conduta diária. A partir de suas experiências como esposa, mãe, avó e palestrante, Carol nos leva a um conhecimento mais prático e edificante. O livro é excelente tanto para uso individual como para estudos em grupos de mulheres. Esta obra trata de temas teológicos como Criação, Queda, identidade da mulher, além de discorrer sobre nossos dilemas cotidianos como ansiedade, contentamento e confiança em Deus. Parabéns, Carol Merkh, por nos presentear com um escrito tão profundo biblicamente e, ao mesmo tempo, nos desafiar a sermos parecidas com Jesus por meio do entendimento teológico e da aplicação prática em nosso dia a dia.

> JANEIDE ANDRADE FEITOSA FERREIRA, esposa do pastor Euder Faber, mãe da Rebeca e da Júlia. Especialista em Teologia Sistemática pelo Andrew Jumper, autora dos livros *A mulher e o padrão bíblico de feminilidade* e *A mulher cristã e seu guarda-roupa*, e participante do livro *Sexualidade da mulher*. Coordenadora do Consciência Cristã Mulheres e palestrante em seminários e congressos para mulheres cristãs.

O livro *Mulheres [mais] parecidas com Jesus* é um convite para sermos mais parecida com Cristo enquanto nos tornamos farol e guia de outros que estão no mesmo caminho. De forma extremamente prática e com exemplos muito tocantes e profundos,

Carol Sue demonstra nossa necessidade de depender completamente de Cristo enquanto andamos nos seus passos deixados em sua Palavra. A beleza do evangelho está no fato de que nunca caminhamos sozinhas. O livro é essencial para as mulheres de hoje e escrito por alguém que vive o que prega. Carol tem sido esse farol para muitas mulheres, e esse livro é, sem dúvida, seu legado para futuras gerações e um instrumento valioso de discipulado e crescimento pessoal.

> Helen Kreter, casada com Hugo e mãe da Juline e Nathan. Missionária da Palavra da Vida Sul, coordena o podcast Projeto do Coração. Autora de dois e-books, usa as redes sociais para falar da importância da boa leitura e compartilhar textos sobre vida cristã.

Carol Sue Merkh escreve com base em convicções bíblicas que ela mesma tem colocado em prática ao longo dos anos. Ela nos aponta a verdade de quem Deus nos criou para ser e nos mostra que viver de acordo com o plano sábio de Deus é algo belo e possível em nossos dias. Entre os inúmeros livros para mulheres, este é singular por sua abordagem simples, acessível a todas as mulheres em qualquer estação da vida e, ao mesmo tempo, biblicamente profunda e cuidadosa. Este é um livro que nos encoraja a manter os olhos fixos em Jesus e cuja leitura e estudo, tanto individual quanto em pequenos grupos, recomendo com certeza.

> Maria Cecilia Alfano integra a equipe do Seminário Bíblico Palavra da Vida, é autora de livros para mulheres e criadora do Conexão Conselho Bíblico, um centro *on-line* de recursos para discipulado e aconselhamento bíblico.

Enquanto eu fazia a leitura desse livro, fiquei imaginando quantas leitoras serão impactadas por essa obra. Carol Sue, junto com seu marido David, conseguiram reunir de maneira simples e prática princípios e conceitos bíblicos de extrema relevância que abrangem as diversas áreas na vida de uma mulher. Não é simplesmente mais um livro sobre esse assunto, mas é o fruto de anos de experiência de um casal que alcançou a autoridade e o modelo por meio da vivência e da obediência. E eu sou testemunha disso. Como mulher, esse livro me encoraja ao lembrar que sou parte do plano de Deus, criada à sua imagem e escolhida para ser auxiliadora do meu marido. Ele nos desafia, mas também nos dá condições de seguirmos porque não estamos sós! O mesmo Deus que ordena é o Deus que capacita. Obrigada Carol Sue (e David). Que esse livro traga benção e transformação para muitas vidas.

> Maria José Mendes Nogueira (Zeza), esposa do pastor Carlos Nogueira, missionários em Moçambique por 14 anos, mãe de três filhas e avó de oito netos.

É difícil expressar o quanto fiquei empolgada com o material que Carol reúne nesse livro. Eu só posso dizer: UAU! Esse é o livro que eu desejava para usar em meus discipulados e grupos de leitura com mulheres. Algo importante nesse livro é a visão que Carol apresenta sobre Tito 2 para as mulheres, destacando duas características que a mulher cristã tem de desenvolver: seu caráter, na parte 1, e sua conduta, na parte 2. O livro começa expondo o plano de Deus para a mulher no esquema: Criação, Queda e Restauração. Em seguida, expõe mulheres em ação cumprindo o seu chamado. Um material com conteúdo conceitual e prático para o ministério de mulheres na igreja local. Não posso deixar de destacar o capítulo 12: "Mulheres como ovelhas", com o qual me identifiquei demais. Que alegria ter esse material disponível para as mulheres brasileiras.

> RENATA GANDOLFO é membro da Igreja Batista Maranata em São José dos Campos, SP. Seu prazer é fazer mulheres conhecerem mais de Cristo em discipulados ou com aconselhamento bíblico. Faz parte da equipe do Ministério Fiel, onde serve como editora no blog "Voltemos ao Evangelho", e escreve na coluna "Vida de Ovelha". Idealizadora do Movimento Cartas Vivas, que apoia o discipulado e o ministério feminino na igreja local.

Carol Sue condensou décadas de experiência ministerial, pessoal e familiar numa obra necessária à igreja brasileira. Ela e David abordam temas espinhosos com graça e profundidade bíblica, amparados pela Palavra de Deus. Os capítulos são concisos, convidam à reflexão e aplicação prática, facilitam o estudo em grupo e rendem boas discussões. Tenho certeza de que esse será um recurso valioso para muitos ministérios de mulheres, encontros de discipulado, aconselhamento e leitura pessoal.

> NANÁ MENDES CASTILLO, esposa, mãe, criadora e professora no ministério Filipenses Quatro Oito (@filipensesquatrooito), voltado para o ensino de mulheres sobre o evangelho aplicado à vida real.

Minha sogra é um presente de Deus em minha história. Tenho o privilégio de viver Tito 2, aprendendo constantemente com ela. Assisto a tudo isso com apreciação, como quem convive de dentro e de fora do lar, uma genuína mulher parecida com Jesus. Louvo a Deus, pois os conselhos que ela dá e a vivência diária, fundamentados na Palavra de Deus, agora podem edificar mulheres em qualquer lugar do Brasil ou fora dele. O privilégio foi multiplicado e espalhado. Este livro é uma ferramenta preciosa que aponta para Cristo e nos estimula a uma vida de integridade.

> ADRIANA B. MERKH, nora dos autores, esposa do Pr. David Merkh Jr. da Primeira Igreja Batista de Atibaia, revisora dos livros do casal Merkh, professora e mãe de três filhos.

Se vasculharmos as livrarias encontraremos centenas de livros incentivando a mulher a conquistar seu espaço na sociedade. Encontraremos temas sobre igualdade, injustiça, autoridade, porém a maior crise que nós, mulheres, vivemos hoje é a crise de identidade. Entender quem somos e para que fomos criadas em Cristo é libertador. Cumprir nosso papel como auxiliadora, refletindo, reproduzindo e representando nosso Senhor, deveria ser nosso principal objetivo. Essa obra já nos exorta e incentiva a viver longe das vãs filosofias egocêntricas e a buscar o modelo instituído por Deus. Convivendo com a autora e seu testemunho, as palavras ganham vida e os conceitos se tornam palpáveis. Precisamos de mulheres assim, que realmente nos inspirem a viver uma vida focada no outro, que desempenhem seu papel na sociedade e que se levantem como modelos, não porque são perfeitas, mas porque permitem que Cristo viva por meio delas.

> NATHALY NASCIMENTO, do perfil @jungleschoolbr, é missionária, junto com seu esposo Sérgio e seus quatro filhos. Atuam entre os povos indígenas no Norte do Brasil e contribuem também na área de educação domiciliar.

Grandes ideias são marcas, não só na escrita, mas na vida prática de Carol. Nessa obra, há instruções para todas as áreas da vida das mulheres cristãs. Somos confrontadas e relembradas de que necessitamos do nosso Redentor, mas também somos relembradas de que fomos restauradas por Jesus. Às vezes, somos mais parecidas com Eva, mostrando vergonha e medo, mas somos um pouco mais parecidas com Jesus quando discipulamos, falamos o que constrói, pensamos biblicamente, exercemos os papéis que Deus confiou a nós e em como nos relacionamos. Somos abençoadas por Ele para abençoar todos ao nosso redor, aprendendo a desenvolver um coração grato e confiante. Esse livro está repleto de grandes ideias, o que fazem dele um instrumento de Deus para nos ajudar a sermos *Mulheres [mais] parecidas com Jesus*.

> LUCIANA SBOROWSKI, casada com Douglas, pastor da Igreja Presbiteriana em Ribeirão Preto. Escritora do blog "Voltemos ao Evangelho". Desenvolve um ministério de discipulado e aconselhamento bíblico para mulheres na igreja local e o @movimento.cartas.vivas.

Sou seletiva com leituras; não gosto de filosofia e ficção. Aprecio narrativas, histórias e literatura confrontativas, que leva a mudanças na minha prática de vida. *Mulheres [mais] parecidas com Jesus* é desses livros que me levam a querer mais, a ansiar pelo próximo capítulo. Ler as experiências dos Merkhs, acompanhando suas "aventuras" familiares num contexto de ensino teológico profundo, vai provocar mudanças nas leitoras. Não há como fugir disso nas perguntas de avaliação no final de cada tema. Em grupo ou individual, cada leitora repensará sua vida pessoal e familiar, o que faz dessa obra um livro pedagógico e prático, seja no estudo individual, seja no estudo em grupo. Contudo, sua maior riqueza está na fidelidade às Escrituras. Experiências e aventuras são apenas acessórios numa confrontação verdadeiramente bíblica, com princípios defendidos e vividos na prática por David e Carol Sue.

> **Dulcilea Sant'Anna**, conferencista e conselheira de mulheres. Ela e o marido, Paulo Sant'Anna, são conselheiros bíblicos e conferencistas para famílias. São missionários da Crossover Global, levando treinamento e encorajamento para pastores e líderes nas igrejas plantadas entre povos não alcançados.

Já tenho trabalhado com mulheres há muito tempo no ministério e sempre senti falta de materiais que fossem escritos por mulheres que entendam a cultura brasileira e apliquem sua escrita para a nossa realidade. *Mulheres [mais] parecidas com Jesus* é uma resposta a essa necessidade, um livro extremamente bíblico, com ensino profundo das Escrituras, mas ao mesmo tempo bem prático, cativante, encorajador, envolvente e confrontador. Uma grande fonte de edificação para as mulheres da igreja brasileira. Li cada página como se eu estivesse sentada ao lado da Carol, conversando com uma xícara de chá e um pedaço de bolo. Cada capítulo fala ao coração de um modo ímpar, com pessoalidade e aplicação profunda. Que precioso conhecer e ser amiga dessa mulher que aprendeu do Senhor desde cedo e que permitiu Deus moldá-la para a sua glória.

> **Ana Cláudia de Almeida Christal**, esposa de Isaías Christal, mãe, missionária, mentora, professora, escritora no Instituto Missionário Palavra da Vida, Benevides, PA. Coautora dos livros *Mulheres que cuidam* e de *Uma jornada de encorajamento*.

Há cerca de vinte e cinco anos que conheço Carol Sue e seu esposo David. Foi um grande privilégio para mim e para o meu marido desfrutarmos da intimidade do seu lar no "grupão" do Seminário Bíblico Palavra da Vida. Pudemos ver na prática alguns dos princípios citados nesse livro, quer no relacionamento do casal, quer na dinâmica familiar com os filhos. Pudemos também ser encorajados e desafiados a sermos mais parecidos com Jesus no caráter e na conduta. Hoje, passado todo esse tempo, alegro-me em ver escrito *Mulheres [mais] parecidas com Jesus* e ter acesso a uma ferramenta preciosa que continuará a ajudar a mim e a outras mulheres a percorrerem esse caminho de seguir as pegadas do nosso Senhor. Esse livro, além de ser fundamentado na suficiência das Escrituras, traz estudos práticos e relevantes para os problemas atuais que as mulheres cristãs enfrentam.

> **Graça Barbosa**, esposa do Pedro e mãe do Pedro e da Ana. Trabalha com a família na plantação de uma igreja bíblica em Portugal. Está envolvida no ministério com mulheres na igreja. Ela e o marido servem na área de aconselhamento bíblico de casais e famílias.

Como mulheres, temos muitas atribuições em nosso dia a dia — somos mães, esposas, avós, cuidadoras, trabalhadoras, estudantes, cozinheiras, motoristas e muito mais que possa aparecer em nosso caminho. Contudo, como é importante entender para quem e para o que fomos criadas de fato; a quem devemos seguir e servir neste mundo tão confuso e que tenta roubar nosso coração a cada momento. Um guia para estudar com irmãs e amigas, um livro para meditar sobre nossa identidade real e não aquela imposta por regras humanas ou expectativas mundanas, o livro *Mulheres [mais] parecidas com Jesus* é um incentivo à nossa santidade. O casal Merkh mais uma vez nos abençoa com seu ministério e exortando-nos a sermos como aquele que já é tudo para nós, Cristo.

>NÁTALIE CAMPOS, casada com o pastor Heber Campos Jr., mãe de Bianca, Samuel e Nicole, serve em sua igreja local, Presbiteriana Parque das Nações, e tem trabalhado servindo mulheres em seu perfil @nataliegcampos e em conferências.

Foi com grande entusiasmo que aceitei o convite para endossar o livro *Mulheres [mais] parecidas com Jesus*. O casal Merkh é muito querido entre nós da Hagnos. Temos uma parceria de longa data e sinto-me honrada de tê-los em nosso rol de autores e em nossa lista de pessoas queridas. Carol e David, com maestria, desvelam a riqueza, a profundidade e a necessidade de nós, mulheres, tornarmo-nos mais parecidas com Jesus a cada dia. Sim, fomos predestinadas para sermos "conformes à imagem de seu Filho" (Romanos 8:29), e é disso que esse livro trata. *Mulheres [mais] parecidas com Jesus* é um chamado à reflexão sobre como podemos incorporar os princípios e os valores de Jesus em nossa vida de servas do Altíssimo. Trata-se de uma fonte de inspiração para aquelas que desejam explorar e compreender o papel vital de Jesus na formação do nosso caráter. Recomendo entusiasticamente *Mulheres [mais] parecidas com Jesus* a todas as mulheres que buscam uma perspectiva bíblica e esclarecedora sobre a formação do caráter de Cristo em nós, o que se refletirá em nossa conduta diária. Que esta obra inspire e capacite muitas mulheres a seguirem os passos de Jesus de uma maneira autêntica e significativa.

>MARILENE TERRENGUI, Diretora executiva e fundadora da Editora Hagnos.

Agradecimentos

QUEREMOS AGRADECER ÀS PESSOAS que colaboraram muito para que este volume esteja disponível ao público. A nossa nora Adriana, mais uma vez fez uma correção completa do manuscrito.

À equipe eficiente da Editora Hagnos, que sempre crê no nosso trabalho e zela pela produção de material bíblico e prático para a Igreja brasileira: muito obrigado!

Finalmente, agradecemos a Deus que tornou possível a publicação dessa ferramenta para o discipulado de mulheres. Que Ele seja glorificado na vida de mulheres que seguem cada vez mais seu Filho amado, Jesus.

Prefácio

Existem muitos livros escritos para mulheres: estudos voltados para áreas específicas femininas, biografias de heroínas da fé, histórias fictícias para se distrair, livros de instruções práticas na cozinha ou cuidados com a casa, orientações sobre relacionamentos, e a lista não tem fim. Para que serve mais um livro para mulheres?

Na minha experiência, e o ditado popular confirma, a repetição é a mãe do aprendizado. Como sofro com o esquecimento! Parece que quando foco muito em uma área na qual sei que Deus está trabalhando para me mudar, esqueço de outra que também é importante! A necessidade de renovar a mente, lembrar daquilo que já sei, é enorme. Pessoas próximas que têm a coragem de me desafiar ajudam muito nesse aprendizado, mas livros também podem ser instrumentos na mão de Deus para nos confrontar e transformar.

Escrevo esse livro junto com o meu marido. Davi explora e explica o plano e o propósito que Deus tem para a raça humana em geral e para nós mulheres em particular. Depois, eu compartilho algumas das muitas lições que Deus tem trabalhado em mim ao longo da minha vida, lições que continuo aprendendo. É um livro pessoal, pois compartilho as minhas dúvidas e lutas, mas também como Deus tem graciosamente caminhado ao meu lado para fazer-me crescer.

O desafio que deixo para você, querida leitora, é o mesmo que tenho para mim. Quero que conheçamos o nosso Deus tão bem que não reste nenhuma dúvida quanto ao profundo amor que Ele tem por nós, e que isso nos leve a confiar cada vez mais nele. Esse Deus grande, Criador de tudo, majestoso, poderoso, grandioso, mas também próximo, íntimo, carinhoso e amoroso, quer caminhar conosco. Ele quer que sejamos cada vez mais parecidas com seu Filho, Jesus.

> Será que você não sabe? Nunca ouviu falar? O Senhor é o Deus eterno, o Criador de toda a terra, Ele não se cansa nem fica exausto; sua sabedoria é insondável. Ele fortalece o cansado e dá grande vigor ao que está sem forças. Até os jovens se cansam e ficam exaustos, e os moços tropeçam e caem; mas aqueles que esperam no Senhor renovam as suas forças. Voam alto como águias; correm e não ficam exaustos, *andam e não se cansam* (Isaías 40:28-31).

Deus não nos deixa a sós. Ele é muito maior do que a minha compreensão, mas quer ficar ao meu lado, dando-me a força que me falta.

Meditar em quem Deus é me dá segurança para fazer o que Ele requer de mim. Toda desobediência provém da desconfiança no Deus em quem digo confiar. Quando decido traçar o meu caminho de forma diferente daquele indicado pelo mapa divino, a Bíblia, também escolho chegar a um destino longe de onde Deus quer me levar.

Ao estudar este livro, o meu desejo é que você conheça mais o nosso Deus, aquele que não mediu esforços para nos salvar. Quanto mais a intimidade com Ele crescer, a confiança também aumentará, resultando em uma obediência sem questionamento. Esta é a única vida que vale a pena ser vivida.

Que Deus nos ajude a crescermos na dependência dele.

Carol Sue Merkh
Atibaia
Janeiro, 2024

Sobre este livro

EMBORA HAJA MUITO MATERIAL voltado para a vida feminina no mercado brasileiro, muitos desses recursos não foram produzidos dentro do contexto brasileiro.

Embora a autora principal seja de origem norte-americana, ela chegou ao Brasil em 1963 e tem um coração brasileiro. A cada ano, Carol tem tido mais oportunidades de ministrar para mulheres tanto em conferências como individualmente, presencialmente e à distância, seguindo o modelo de Tito 2, em que as mulheres mais velhas investem na vida das mulheres mais jovens. Muitas dessas mulheres têm pedido que esses estudos fossem disponibilizados para uma audiência maior. Graças a Deus, esse momento chegou.

Junto com seu marido Davi, Carol tem ministrado para casais, famílias e mulheres durante quase quatro décadas no Brasil e ao redor do mundo. Ela criou seis filhos no Brasil, onde a maioria dos seus 21 netos também mora, desfrutando semanalmente do "Dia da Vovó". Então, quando escreve para mulheres, escreve como quem não somente conhece a Palavra de Deus, mas também os desafios da vida da mulher que é esposa, mãe e avó.

Esse livro preenche uma lacuna que existia nas publicações do casal, as quais visam edificar com recursos bíblicos e práticos as famílias e seus membros. Com livros publicados para homens, pais, avós, professores e líderes de ministérios na igreja, faltava algo específico para mulheres.[1]

Mulheres [mais] parecidas com Jesus serve como volume parceiro do livro *bestseller* de David, da Editora Hagnos, *Homens [mais] parecidos com Jesus*. Segue o mesmo formato daquele livro e muitas das mesmas ênfases, embora aplicadas à vida da mulher. Seria ótimo se casais pudessem estudar os respectivos volumes voltados para suas próprias realidades e compartilhassem mutuamente o que aprenderam!

PROFUNDIDADE BÍBLICA

Escrever de forma contextualizada é importante, mas ainda mais importante é ter a Palavra de Deus como fonte de autoridade em tudo que se escreve. Como sempre, nosso compromisso será com a Palavra de Deus inspirada, inerrante e infalível, não com as opiniões ou o "achômetro" de seres humanos falíveis e vacilantes. Neste livro, focalizamos os principais textos bíblicos que falam diretamente para mulheres sobre o plano perfeito de Deus para suas vidas.

Aliado à vasta experiência da Carol no ministério com mulheres, Davi contribui com *insights* sobre o conteúdo bíblico baseado em seu trabalho como pastor e professor de exposição bíblica. Os estudos que seguem lançam mão do conteúdo do seu livro *Comentário bíblico: lar, família e casamento* (SP: Editora Hagnos, 2019) que trata sistematicamente de todos os textos bíblicos que focam a família. Adaptamos algumas exposições daquele livro que tratam do papel da mulher para subsidiar as discussões das lições nesta edição.

Cada capítulo termina com um resumo da lição principal elaborada nele, algo que chamamos de "Grande Ideia". Serve como "moral da história" para a leitora captar ainda melhor a essência do tema tratado.

---

[1] Veja p. 269 para os outros livros dos autores.

APLICAÇÃO PRÁTICA

Como dizia o nosso amado e saudoso Professor Howard Hendricks, "Estudo bíblico sem aplicação é um aborto espiritual". Queremos ser praticantes da Palavra, e não meros ouvintes. Por isso, zelamos em ser práticos em cada estudo que se segue, desafiando mulheres a serem cada vez mais dependentes de Cristo Jesus, de seu Espírito e de sua Palavra. Cada lição incluirá desafios diretos e contextualizados com sugestões para discussão em grupos, intercalados ao longo dos estudos chamados "Para refletir e compartilhar". As perguntas podem ser discutidas com outras mulheres ou refletidas pessoalmente.

PLANO DE ESTUDO

Esse livro parte do pressuposto de que mulheres que querem ser mais parecidas com Jesus precisam depender cada vez mais do Senhor Jesus para viver a vida dele nelas e por meio delas. A mulher que mergulha no amor infinito de Jesus depende de Jesus e torna-se uma seguidora fiel dele.

Primeiro, trataremos do caráter dessa mulher na Parte I, traçando o plano divino para mulheres dentro do plano de redenção (Criação, Queda, Redenção e Restauração). Depois, trataremos da conduta da mulher seguidora de Jesus em várias áreas que têm sido desafiadoras para todos, mas especialmente para mulheres. Ao todo, trataremos de 18 estudos indutivos em que a própria Bíblia será nossa fonte de autoridade. Para isso, dependemos da obra do Espírito Santo de Deus para formar mulheres cada vez mais parecidas com Jesus.

Cada capítulo incluirá histórias, anedotas, estudos de caso e perguntas para discussão visando à interação entre mulheres, com prestação de contas, edificação mútua, comunhão e crescimento na graça e no conhecimento de Cristo (2Pedro 3:18).

COMO USAR ESTE LIVRO

Com pequenas adaptações, este livro pode ser usado em diversos contextos:

- Estudo individual e devocional.

- Estudo bíblico em grupos pequenos de mulheres.
- Estudo em encontros maiores de mulheres.
- Encontros de discipulado e aconselhamento.
- Estudo bíblico de mães e suas filhas.

Quanto à condução do estudo, quando feito em grupo, sugerimos uma dinâmica simples em que as mulheres presentes leiam os parágrafos alternadamente. Ao longo de cada lição, no final de cada subdivisão de estudo, há perguntas para discussão em grupos pequenos. Não é obrigatório responder a todas as perguntas. O importante é que o conteúdo daquela parte do estudo seja contemplado, discutido e que haja o máximo de interação entre os membros do grupo para que o conteúdo apresentado seja analisado e testemunhado.

Se o grupo de estudo tiver mais de cinco ou seis pessoas, o ideal será dividi-lo em grupos menores por um tempo preestabelecido, para que as mulheres dialoguem sobre o conteúdo da lição. Em nossa experiência, o tempo reservado para compartilhar é o momento mais importante do encontro.

Nos apêndices, encontra-se um resumo bíblico em forma de gráfico sobre várias mulheres que Deus usou grandemente em seu plano (Apêndice 1). O apêndice 2 é uma ficha (opcional) "Conhecendo e sendo conhecida" para ser reproduzida e distribuída entre os membros do grupo. Também incluímos um caderno de oração para os participantes poderem registrar pedidos e respostas de oração em algum momento do encontro (Apêndice 3). O apêndice 4 apresenta sugestões de "Perguntas para perfis" que também poderiam ser usadas para entrevistar membros do grupo para que todos se conheçam melhor. Já o apêndice 5 sugere um modelo de certificado que pode ser adaptado e entregue para as mulheres que completam os estudos.

Que Deus abençoe seu estudo e que você seja, junto com outras irmãs, cada vez mais uma parecida com Jesus.

Introdução

DEUS NOS FEZ COMO *seres* humanos, não *fazeres* humanos. A maioria das religiões do mundo ensina que o *fazer* vem antes do *ser*. Ensina que o que *fazemos* eleva *nossa posição* diante de Deus e dos homens. Seu grito é "Faça para que seja".

No entanto, o verdadeiro cristianismo ensina que foi Deus quem tomou a iniciativa para alcançar o ser humano. Ele fez isso pela obra final de Cristo Jesus. A cruz vazia e o túmulo vazio gritam "Feito! Agora seja o que já são!".

Caráter precede conduta e culmina na comunhão com Deus. Tudo começa com o Evangelho de boas e más notícias. As más notícias: em nós mesmas, somos pecadoras condenadas, distantes de Deus e perdidas. As boas: Cristo Jesus nos resgatou da maldição do pecado pela sua morte na cruz e nos deu o poder de viver uma vida agradável a Deus pela sua ressurreição.

Iniciamos nossos estudos focando o plano do Criador para a raça humana em geral e para a mulher em particular, a partir da Criação. Veremos como a serpente injetou o veneno do pecado nas veias da raça humana e como o sangue de Jesus é o único antídoto para neutralizar os efeitos do pecado e nos conceder sua justiça.

Essa obra do Evangelho produz o caráter de Jesus em mulheres que são seguidoras dele. Mulheres que, pouco a pouco, começam a mergulhar no amor dele; seguem após Ele, se parecem cada vez mais com Ele porque dependem totalmente dele para viver a vida dele nelas e por meio delas.

Em seu ministério na Terra, Jesus foi seguido por algumas mulheres assim. Os evangelhos registram como mulheres corajosas que haviam seguido a Jesus desde a Galileia estavam com Ele em sua crucificação (Lucas 23:49), mesmo quando quase todos os discípulos o haviam abandonado. Mateus identifica essas mulheres como Maria Madalena, Maria (mãe de Tiago e de José) e a mãe dos filhos de Zebedeu (Mateus 27:55-56). Lucas diz que essas mulheres, inclusive Joana, Suzana e muitas outras, sustentavam o ministério de Jesus e os discípulos com seus bens (Lucas 8:1-3). Tudo indica que eram mulheres de caráter digno e conduta exemplar.

É isso que Deus deseja ver em nós mulheres. Verdadeiras seguidoras de Jesus, cada vez mais parecidas com Ele, não confiantes em nós mesmas, mas seguras em nossa identidade *em* Cristo para vivermos *como* Cristo.

O mundo diz "Faça!".

Deus fala, "Feito!".

Agora temos o dever de ser o que já somos em Cristo Jesus. Mulheres cada vez mais parecidas com Jesus, em caráter e conduta.

Parte I

O **CARÁTER** DE MULHERES QUE SE PARECEM COM JESUS

1 | Mulheres no plano de Deus: a criação

VIVEMOS EM DIAS EM que muitas mulheres sofrem de crises de identidade. Não sabem mais quem são, muito menos o que foram criadas para ser. O que dita sua identidade muitas vezes é o que fazem ("sou engenheira, médica, secretária, dona de casa"); o que têm ("sou rica, pobre, classe 'A, B, C'"); o que outros pensam a seu respeito ("ela é bonita, inteligente, organizada, preguiçosa, gorda..."); os diplomas na parede, onde e o que estudaram ou a família que têm ("sou esposa de fulano"; "tenho duas filhas lindas e obedientes"). Até as questões mais fundamentais da natureza de ser humano – seu gênero – causam dúvida e confusão para algumas.

A minha identidade determina minha atividade. Quem eu sou determina o que eu faço! Talvez por isso a Bíblia começa a identificar exatamente quem nós somos e o que fomos feitos para fazer em seus primeiros capítulos. Deus fez o homem e a mulher com propósitos bem específicos e detalhados. Assim como o fabricante de um eletrodoméstico, o Criador nos fez com propósito e com instruções exatas de como funcionamos melhor.

Por isso voltamos nossa atenção para os primeiros capítulos da Bíblia, nos quais Deus fala de forma clara e contundente sobre seu plano para a raça humana em geral e para a vida da mulher em particular.

PARA REFLETIR E COMPARTILHAR

Quais são algumas das áreas em que você tem sido tentada a construir sua identidade em questões externas e não conforme Deus em sua Palavra?

Como a maneira pela qual nós nos definimos (nossa identidade) afeta a maneira pela qual vivemos (nossa atividade)?

O PLANO DE DEUS PARA A RAÇA HUMANA

Quando os filhos entram em uma nova etapa de suas vidas, boas mães tentam dar-lhes palpites para que a transição seja tão tranquila quanto possível. Por exemplo, antes do primeiro dia de escola: "Filha, cuidado atravessando aquela rua... não se esqueça do seu caderno... lembre-se de voltar direto para casa depois da aula... e filha, não fale com estranhos!". Antes do primeiro dia da faculdade: "Filha, cuidado atravessando aquela rua... não se esqueça do seu caderno... lembre-se de voltar direto para casa depois das aulas... e filha, não fale com qualquer rapaz!".

Uma boa mãe ou um bom pai faze de tudo para preparar seus filhos para os desafios da vida.

Graças a Deus, nosso bom Pai não nos deixou desamparados com respeito a essa vida. Desde o primeiro capítulo da Bíblia, encontramos instruções que nos norteiam em nossa identidade e missão. Para isso, precisamos voltar ao "manual do fabricante" no qual descobrimos pelo menos três propósitos fundamentais sobre quem somos e o que fazemos como seres humanos. Resumindo, podemos dizer que Deus nos fez para *refletir*, *reproduzir* e *representar* a imagem dele.

1. Deus fez o ser humano para *refletir* sua imagem (Gênesis 1:26,27)

Infelizmente, muitos de nós perdemos o rumo e passamos a dar voltas em uma roda viva sem saber por quê. Chegamos à metade de nossas vidas (na infame crise de meia-idade) e perguntamos, "O que estou fazendo com minha vida? Por que estou aqui? Será que minha vida faz alguma diferença? Será que algo que fiz permanecerá depois de mim?". Por infelicidade, muitas pessoas terminam a vida tendo subido a escada da profissão, das posses, do poder na sociedade, só para descobrir que subiram a escada encostada na parede errada.

Dizem que no passado, agentes do FBI nos Estados Unidos encarregados de proteger as cédulas de dólar de falsificações não estudavam todas as falsificações possíveis da moeda americana, mas estudavam detalhadamente as originais, ao ponto de poderem detectar imediatamente as falsas.

O que o "original" da Palavra de Deus diz quanto ao propósito da raça humana?

> Também disse Deus: Façamos o homem à nossa imagem, conforme a nossa semelhança; *tenham eles domínio sobre os peixes do mar, sobre as aves dos céus, sobre os animais domésticos, sobre toda a terra e sobre todos os répteis que rastejam pela terra.* Criou Deus, pois, o homem à sua imagem, à imagem de Deus o criou; homem e mulher os criou (Gênesis 1:26-27).

Descobrimos que Deus fez o ser humano para refletir a imagem dele mesmo. A verdade mais importante sobre o homem é que ele é a imagem de Deus. A glória do homem é que ele reflete a glória de Deus!

Assim como a Lua não tem glória própria, a não ser quando vira sua face em direção ao Sol, o ser humano só cumpre seu propósito quando reflete a glória de Deus, ou seja, quando demonstra para o mundo aspectos da pessoa de Deus em seu caráter.

O mundo foi feito para resplandecer a glória de Deus, não do homem.[1] Ele é o foco de toda a criação. Como criaturas, temos a responsabilidade

---

[1] Veja também Salmos 8 e 19; Colossenses 1:15-20; Romanos 11:33-36.

de cumprir as ordens de Deus e espelhar seus atributos para todos ao redor. Essa perspectiva teocêntrica, e não antropocêntrica, altera alguns dos nossos conceitos sobre o propósito da vida. Por exemplo, é comum ouvir mulheres defendendo decisões contrárias à Palavra de Deus, dizendo "Mas eu tenho o direito de ser feliz!", mas nenhum versículo na Bíblia diz isso. Desde o início da criação, Deus nos deu o privilégio e a responsabilidade de refletir sua imagem, em santidade, obediência, amor e comunhão com Ele. Uma mulher só encontrará a verdadeira felicidade quando cumpre esse propósito pelo qual foi criada.

Os termos "imagem" e "semelhança", junto com a ideia da *imago Dei* (imagem de Deus), têm sido a causa de muita polêmica. "Imagem" não diz respeito à composição material, mas à semelhança a Deus (diferente dos animais) nas esferas espiritual, intelectual e moral. Normalmente o termo "imagem" no Velho Testamento refere-se a ídolos. É justamente por isso que ídolos são proibidos – seu foco está no sentido material, que acaba sendo uma distorção grotesca da imagem de Deus que já é refletida no ser humano (Deuteronômio 4:15-19).

Como "imagem/semelhança", refletimos aspectos essenciais da pessoa de Deus para a glória de Deus. Tornamos aspectos do seu ser conhecidos pelo fiel cumprimento da nossa tarefa de espelhar seu caráter, inclusive amor, alegria, paz, longanimidade, benignidade, bondade, fidelidade, mansidão, domínio próprio. Ou seja, o fruto do Espírito (Gálatas 5:22) é a vida de Cristo refletida em nós, para a glória de Deus Pai.[2] Quando somos mais parecidos com Cristo, que é "o resplendor da glória e a expressão exata" de Deus Pai (Hebreus 1:3), nós também refletimos a glória de Deus.

Mais adiante, Gênesis 2:18 nos surpreende ao dizer que "não era bom que o homem estivesse só". Como seria possível que Adão estivesse em uma condição "não boa" se estava em um mundo perfeito e em um relacionamento perfeito com Deus?

---

[2] Mais adiante, veremos que "imagem" também tem uma forte relação com governo, ou seja, o homem como vice-regente tem a tarefa de mediar o Reino de Deus como seu representante autorizado.

A resposta talvez esteja na declaração de Deus em Gênesis 1:26: "Façamos o homem à nossa imagem". Uma vez que essa afirmação está na primeira pessoa do plural, é natural que o leitor pergunte: "Quem faz parte desse *nós*?" Com quem Deus está falando? Teólogos cristãos ao longo dos séculos consideram que se trata de uma alusão à verdade que só é revelada com a vinda de Jesus ao mundo, a saber, que Deus é triúno, que o único Deus existe desde a eternidade como três pessoas (Pai, Filho e Espírito Santo), que conhecem e amam umas às outras. E, portanto, entre outras coisas, ser criado à imagem de Deus significa ser criado para relacionamentos.[3]

Outro aspecto importante sobre o ser humano como reflexo da imagem de Deus é o destaque do final do versículo 27: "Homem e mulher *os* criou". Entendemos que existe um reflexo *comunitário* da imagem do Deus triúno, visto especificamente no relacionamento *conjugal*. Algumas características interpessoais do matrimônio refletem aspectos *relacionais* de um Deus triúno em seu relacionamento consigo mesmo. Esses atributos não se veem no indivíduo, mas exigem uma *comunidade* para serem expressos, como: comunicação, amor, fidelidade, papéis e intimidade.

A unidade em diversidade do casal casado serve como ilustração da harmonia perfeita e intimidade profunda da Santa Trindade. Por isso, quando uma mulher é fiel aos votos matrimoniais, quando demonstra o amor outrocêntrico, quando desempenha seu papel como auxiliadora idônea que respeita seu marido, ela reflete aspectos da unidade em diversidade da própria Trindade. Como diz o autor Bill Mills, "Quando conhecemos essa intimidade, também refletimos aquilo que acontece dentro da Trindade e, então, o mundo e os anjos que nos observam podem perceber que Deus está em nós".[4]

Infelizmente, o pecado distorceu muito o cumprimento desse propósito. Deus declara que continuamos refletindo a imagem de Deus

---

[3] KELLER, Timothy; KELLER, Kathy. *O significado do casamento*. São Paulo: Vida Nova, 2012, p. 134-135.
[4] MILLS, Bill. *Fundamentos bíblicos para o casamento*. Atibaia, SP: Pregue a Palavra Editora, 2009, p. 22.

depois da Queda, embora de forma imperfeita (veja Gênesis 5:1-3; 9:6). Contudo, foi necessário o Filho de Deus se tornar um de nós para que pudéssemos ser novamente filhas de Deus (João 1:12-14). Em Cristo, a imagem de Deus está novamente sendo esculpida em nós pelo Seu Espírito (Romanos 8:29; 2Coríntios 3:18). *Cumprimos nossa razão de ser quando refletimos a imagem de Deus na vida a dois.*

Para refletir e compartilhar

Avalie a frase "Eu tenho o direito de ser feliz" e suas implicações em termos da imagem e da glória de Deus.

Quais são aspectos da pessoa de Deus como ser relacional vistos principalmente no casal casado? Quais são as implicações disso em termos de como conduzimos nossos casamentos?

2. Reproduzir a imagem de Deus (Gênesis 1:28)

Além de refletir a imagem de Deus, existe um segundo propósito para a humanidade: reproduzir aquela imagem em novos adoradores, também imagens de Deus, para que a imagem dele fosse espalhada ao redor do mundo.

Talvez você fique surpreso ao descobrir que o primeiro mandamento para nós na Bíblia, e isso em forma tríplice, é a ordem de *reproduzir* mais imagens de Deus.[5]

> E Deus os abençoou, e lhes disse: Sede fecundos, multiplicai-vos, enchei a terra e sujeitai-a; dominai sobre os peixes do mar, sobre as aves dos céus e sobre todo animal que rasteja pela terra (Gênesis 1:28).

Enquanto a criação do homem e da mulher revelou verdades sobre a natureza do Criador que o resto da criação não era capaz de mostrar, a ordem para multiplicar-se e encher a Terra revelou o coração de Deus

---

[5] Gênesis 2:16,17 relata a primeira ordem (tecnicamente uma proibição) em ordem *cronológica*, pois foi dada para *Adão antes* que a Eva fosse criada.

para que toda a criação tivesse a oportunidade de encarar sua glória. Esse é o propósito missionário pelo qual Deus criou a raça humana e a primeira forma da Grande Comissão que encontramos mais tarde na Bíblia (veja Mateus 28:16-20).

Deus desejava um universo cheio de seres humanos, reflexos da sua glória, adoradores em comunhão com Ele, curtindo sua majestade e imitando seus atributos. Esse foi o propósito original para nós e teria acontecido naturalmente pela procriação e a formação da família.

A união sexual do homem e da mulher levaria à multiplicação da imagem de Deus, a fim de que Ele tivesse um testemunho refletido em todo lugar, por meio dos seus representantes enviados aos confins da Terra. Assim, existimos para estender o testemunho de Deus e o Reino de Deus até os cantos remotos do globo. A glória de Deus seria vista em toda a Terra.

Podemos perguntar: como reproduzimos a imagem de Deus hoje? Há pelo menos duas respostas:

a) Reproduzimos a imagem de Deus pelo discipulado dos nossos filhos. (Efésios 6:4; veja Deuteronômio 6:4-9; Salmos 78:1-8)

Outra vez, esse plano foi atrapalhado pela entrada do pecado em nossa história. Mesmo assim, a ordem de reproduzir novas imagens continua (Gênesis 5:1-3; 9:1,7). Deus ainda quer que seu Reino se espalhe pela Terra, mas hoje nossa missão é de resgate, a começar com os próprios filhos, mas estendendo-se até os confins da Terra (Mateus 28:18-20).

O resgate dessa imagem em crianças que nascem pecadoras é um trabalho de tempo integral (Provérbios 22:15). Hoje estamos em uma guerra espiritual, e a alma dos nossos filhos está em jogo, junto com a glória de Deus! Como mães, somos chamadas de forma especial a cumprir essa missão especial na vida de nossos filhos.

b) Reproduzimos a imagem de Deus pelo discipulado das nações (cp. Israel em Gênesis 12:1-3, Êxodo 19:6)

Reproduzir a imagem de Deus hoje significa recrutar adoradores de Deus como reflexos da sua imagem, em todo canto do planeta. Missões significam que a glória de Deus será apreciada, refletida e difundida por cada cultura, raça, língua e nação — revelando um pouco mais a cor e o brilho do esplendor da glória de Deus.

A missão da maternidade não se restringe somente a mães biológicas. O apóstolo Paulo se refere à mãe de Rufu como alguém "que também tem sido mãe para mim" (Romanos 16:13). E 3João fala de filhos *espirituais* quando declara: "Não tenho maior alegria do que esta, a de ouvir que meus filhos andam na verdade" (3João 4).

Pelo fato de que muitos pais hoje não cumprem seu dever no lar pelo efeito devastador do pecado que se alastrou ao redor do mundo, cabe a nós também uma missão de resgate dos filhos dos outros, ou seja, de países e povos inteiros que não mais conhecem a Deus. A raça humana se encontra em rebeldia contra o Criador, e nós que o conhecemos somos chamados para a missão de sermos seus embaixadores.

Deus nos chamou para multiplicar sua imagem pela obra missionária, pelo evangelismo e discipulado das nações. Seja você solteira, casada sem filhos ou com seus próprios filhos e netos, você tem a tarefa como mulher de se reproduzir nesta obra global para que a Terra fique cheia da glória do Senhor (Mateus 28:18-20). Essa é uma missão com vitória garantida, porque aquele que disse "Toda a autoridade me foi dada no céu e na Terra" também disse "Eis que estou convosco até a consumação do século"! *Cumprimos nossa razão de ser quando reproduzimos o Reino de Deus em nossos filhos e ao redor do mundo.*

> **PARA REFLETIR E COMPARTILHAR**
>
> Enquanto mulheres, como podemos cumprir a ordem de reproduzir a imagem de Deus no mundo hoje? É só para mães? Ou todas têm uma responsabilidade nisso?
>
> Como nós, mulheres, podemos ser mais proativas no cumprimento da missão de multiplicar a imagem de Deus em nossos filhos e por meio de missões?

3. Representar o Reino de Deus (1:28b)

Deus, como Criador, é o Dono de toda a Terra (Salmos 24:1). E como Dono, Ele tem o direito de delegar autoridade e liderança para quem Ele quiser. Deus fez a raça humana para ser seu "vice-regente", ou talvez melhor, "delegada", representante oficial dele na Terra. Assim, continuamos a obra que Deus começou ao dar a ordem de encher a Terra. Em certo sentido, Deus nos deu uma procuração divina para representá-lo neste mundo.

Esse aspecto funcional da *imago Dei* se entende à luz da prática de reis e imperadores do mundo antigo de erguer imagens de si mesmos nas terras conquistadas e sobre as quais tinham controle. Quando olhamos para Gênesis 1:26-28, percebemos uma forte ligação entre a imagem de Deus e o domínio que exercemos sobre a Terra. O texto começa e termina falando sobre esse mandato cultural do homem cujo *trabalho* representará o governo de Deus:

> Também disse Deus: *Façamos o homem à nossa imagem, conforme a nossa semelhança; tenham eles domínio sobre os peixes do mar, sobre as aves dos céus, sobre os animais domésticos, sobre toda a terra e sobre todos os répteis que rastejam pela terra. Criou Deus, pois, o homem à sua imagem,* à imagem de Deus o criou; *homem e mulher os criou. E Deus os abençoou, e lhes disse: Sede fecundos, multiplicai-vos, enchei a terra e sujeitai-a; dominai sobre os peixes do mar, sobre as aves dos céus e sobre todo animal que rasteja pela terra* (Gênesis 1:26-28).

O homem e a mulher foram feitos como um *time* para mediar o Reino de Deus. No início, seu campo de atuação foi o Jardim do Éden. Como representantes de Deus, continuariam a obra de Deus, de dar forma e encher a Terra. Note que nos seis dias de criação Deus fez exatamente isso — dando forma ao que era sem forma; enchendo o que era vazio. Agora, porém, Ele repassa essa tarefa ao homem e à mulher, que irão glorificá-lo pelo trabalho de dominar, sujeitar e encher a Terra.

O pecado dificultou imensamente esse trabalho (Gênesis 3:17-19). Mesmo assim, o mandato continua, e Deus hoje nos chama em Cristo para trabalhar diligentemente em nome do Senhor Jesus para a glória de Deus Pai (Colossenses 3:17,23). Como trabalhadoras fiéis, refletimos a imagem de Deus. Há implicações no texto quanto aos seguintes aspectos: mordomia do meio ambiente; ecologia responsável; criatividade; avanço tecnológico responsável; diligência no serviço e excelência cristã em tudo (mídia, arte, redação, arquitetura etc.).

Então, ainda temos uma missão a cumprir. Nosso trabalho é uma forma de glorificar a Deus. Todo trabalho é sagrado diante de Deus, uma missão muito mais que um mero emprego. *Cumprimos nossa razão de ser quando somos fiéis à nossa vocação, trabalhando para Deus, e não para os homens.*

> **PARA REFLETIR E COMPARTILHAR**
>
> O seu trabalho é digno de uma filha de Deus ou coopera com o Reino das trevas? Você faz seu trabalho como para o Senhor, como forma de glorificá-lo e adorá-lo? Se você é estudante, você estuda de todo o seu coração como ato de louvor a Ele?
>
> Como família, vocês colaboram para cumprir esse propósito de subjugar e encher a Terra pelo discipulado das nações? São como um time servindo ao Senhor juntos? Se não, como poderiam melhorar?

CONCLUSÃO

Em Cristo, podemos redescobrir nossa verdadeira identidade e encontrar novamente uma vida com propósito. Enquanto refletimos sobre o propósito redentor para o ser humano como revelado no restante das Escrituras, fica claro que somente "em Cristo" é que aquele propósito pode ser realizado. "Em Cristo" somos "novas criaturas" (2Coríntios 5:17). Pelo Espírito de Deus, podemos refletir o caráter de Cristo (Gálatas 5:22). A imagem de Deus refletida no relacionamento conjugal pode espelhar outra vez aspectos comunitários e pactuais da imagem de Deus (Efésios 5:18-6:9). Em Cristo, os corações de pais e filhos podem ser reconciliados (Malaquias 4:6). Em Cristo, podemos fazer discípulos de criaturas outrora rebeldes, levando a mensagem de redenção aos confins da Terra (Mateus 28:19,20). Por causa de Cristo, o Reino de Deus no homem e por meio do homem um dia será restaurado: um dia vamos "reinar com Ele para sempre" (Apocalipse 22:5).

Nestes dias em que parece que todo mundo perdeu o rumo e o propósito, o manual do fabricante nos orienta com palavras sábias e animadoras. Mesmo depois da Queda, temos razão de viver como mulheres.

Sua vida tem esses propósitos?

Você reflete cada vez mais a imagem outrocêntrica de Cristo?

As pessoas ao seu redor (esposo, filhos, pais, amigas) diriam que você é cada vez mais seguidora de Jesus Cristo?

Você está ativamente promovendo a expansão do Reino de Deus pelo investimento em seu cônjuge e seus filhos para serem adoradores de Deus? Tem algum compromisso para com missões?

Nos estudos seguintes, veremos o que Deus diz em seu manual de instruções, para sermos mulheres mais parecidas com Jesus. Ele nos dará uma identidade cada vez mais baseada em nossa posição nele do que em nosso trabalho, nossas posses, nossa aparência, nosso estudo ou nossa família. Diga adeus às crises de identidade de um mundo que nos define pelo que fazemos. Quem você crê que é determina o que você faz. Permita que Deus defina seu fazer pelo seu ser.

A GRANDE IDEIA

Deus fez a raça humana para refletir, reproduzir e representar a imagem dele!

PARA REFLETIR E COMPARTILHAR

Dos três grandes propósitos de Deus para nós (refletir seu caráter, reproduzir adoradores, representar seu Reino), qual é o mais difícil para a maioria das mulheres?

Onde você percebe ataques contra os propósitos de Deus para a mulher no mundo hoje? Quais são as implicações do fato de que Deus criou a mulher para representá-lo nas esferas que Ele designou para nós?

2 Mulheres no plano de Deus: auxílio idôneo

No mundo do esporte, uma performance excepcional — um gol de placa, o último ponto no vôlei, a cesta de três pontos que garante o campeonato — sempre é repassada para os telespectadores vez após vez, em ângulos diferentes e em câmera lenta para cada detalhe ser apreciado.

Gênesis 2 nos oferece um "replay" dos detalhes da criação de Adão e Eva, que nos apresenta alguns ângulos novos e fornece lições fundamentais sobre o plano de Deus para a mulher.[1]

---

[1] KASSIAN, Mary A.; DEMOSS, Nancy Leigh. *Design divino*. São Paulo: Shedd Publicações, 2015, p. 44.

1. A mulher foi feita para subjugar a Terra junto com seu marido (Gênesis 1:26, 28; 2:15-21)

Mesmo antes de criar seres humanos como reflexo da imagem divina, Deus já falava em seu serviço como governadores da Terra:

> Façamos o homem à nossa imagem, conforme a nossa semelhança; TENHAM ELES domínio sobre os peixes do mar, sobre as aves dos céus, sobre os animais domésticos, sobre toda a terra e sobre todos os répteis que rastejam pela terra... E Deus os abençoou e lhes disse... Sujeitai [a Terra]; dominai sobre os peixes do mar, sobre as aves dos céus e sobre todo animal que rasteja pela terra (Gênesis 1:26,28).

O casal reflete a imagem de Deus pelo desempenho dos seus respectivos papéis ao governar o mundo como um time criado por Deus.

O trabalho precede a Queda e é um exercício espiritual. Depois de criar o homem, Deus também delegou a ele a responsabilidade sagrada de "cultivar" e "guardar" o Jardim. As palavras hebraicas traduzidas "cultivar" e "guardar" (Gênesis 2:15) foram usadas mais tarde no Pentateuco para descrever o serviço sagrado do Tabernáculo e a observância da Lei — tarefas muito "espirituais".

Contudo, a essa altura da história do universo, o homem ainda estava só. O único aspecto da criação original que não cumpria todo o seu propósito foi a solidão do homem (Gênesis 2:18). Note, porém, que o homem estava "só" somente no sentido horizontal. Afinal, ele já tinha companhia e comunhão com o próprio Deus. E tinha um relacionamento com a criação, sobre qual fora posto como governador. Apesar disso, em ambos os casos, tratava-se de relacionamentos verticais e desiguais. "Não era bom" para o homem estar "só" porque ainda não havia uma parceira no sentido horizontal para compartilhar a vida com ele. Embora fosse criado *inocente*, não foi criado *completo*.

Keller e Keller elaboram ainda mais essa ideia:

> Temos, assim, Adão, criado por Deus e colocado no jardim do paraíso e, no entanto, "não é bom" que ele esteja só. A narrativa de Gênesis deixa implícito que nossa intensa capacidade relacional,

criada e dada a nós por Deus, não se realiza inteiramente em nosso relacionamento "vertical" com Deus. Ele nos criou para precisarmos de relacionamentos "horizontais" com outros seres humanos. Por isso, até mesmo no paraíso a solidão era algo terrível.[2]

À luz do contexto, e como já vimos em Gênesis 1:26-28, podemos afirmar três razões por que o homem estar só "não era bom":

1. Sozinho, ele era incapaz de *refletir* alguns aspectos relacionais da imagem de Deus (unidade em diversidade, amor, comunhão, compromisso com a aliança, distinção de papéis com unidade de propósito).
2. Sozinho, ele era incapaz de *reproduzir* novos adoradores à imagem de Deus conforme a ordem original de "multiplicar-se e encher a terra".
3. Sozinho, ele teria dificuldade em *representar* a imagem de Deus, como vice-regente dele, cuidando e cultivando o Jardim. Esse é o contexto imediato da afirmação "Não é bom que o homem esteja só" (Gênesis 2:15).

Para a raça humana cumprir esses propósitos, e especialmente o último, de sujeitar, dominar e subjugar a Terra (Gênesis 1:26, 28), era necessário formar um *time conjugal*. Isso não significa que a solteira, viúva, separada ou divorciada não tenha parte neste mandato cultural, só que desde o início Deus criou a raça humana para refletir seu ser e governar a Terra por meio de *relacionamentos,* como bem ressalta Dr. Scott Horrell:

> Por causa de seu amor e sua unidade-diversidade, a Trindade torna-se nosso modelo de comunidade. Seja na família, na igreja local ou em qualquer nível sociológico, o ser humano pode seguir o exemplo do seu próprio Deus. E mesmo como as pessoas divinas possuem distinções de atuação dentro da Trindade, os inter-relacionamentos humanos básicos da sociedade — conjugal, familiar,

---

[2] KELLER; KELLER. *O significado do casamento*, p. 134-135.

eclesiástico, empresarial e governamental – também exigem ordem de autoridade e função.[3]

> **PARA REFLETIR E COMPARTILHAR**
>
> Você encara seu trabalho, seja no lar, no emprego, na igreja ou na comunidade, como um ato de louvor a Deus e uma expressão da sua própria imagem? Explique sua resposta.
>
> Se você é casada, até que ponto você se vê como membro de um time conjugal, chamado por Deus para representá-lo no mundo? O que impede que vocês sejam mais eficazes como time?

2. A mulher foi feita para ser uma auxiliadora idônea (Gênesis 2:15-21)

Uma das coisas que mais nos causa frustração é quando temos a *responsabilidade* para cumprir uma tarefa, mas não temos as *ferramentas* necessárias para realizá-la. Imagine ter a tarefa de preparar um bolo de aniversário sem açúcar, leite ou farinha. Ou de consertar uma roupa rasgada sem agulha e linha. Ou de levar para casa um carrinho cheio de compras feitas no supermercado, mas sem nenhum saco ou caixa para carregar tudo.

Quando Deus deu ao homem a tarefa de "cultivar e guardar" o jardim, Ele sabia que o homem ainda não tinha o que precisava para realizar aquela obra sagrada. Deus sabia, mas o homem, não.

Então, Deus prepara um audiovisual para Adão reconhecer (e apreciar) o que Deus já sabia: que ele estava sozinho e incompleto. Nos versos 19 e 20 de Gênesis 2, Deus põe um desfile zoológico diante de Adão, que por sua vez exerce a função de vice-regente/governador da Terra (Gênesis 1:26, 28), dando nome para animais e aves.

---

[3] HORRELL, J. Scott. "Uma Cosmovisão Trinitária", *Vox Scripturae*, v. IV, n. 1, março de 1994, p. 67.

Quando Adão deu nome aos animais, ele certamente se tornou ciente da falta de uma companheira. Enquanto machos e fêmeas dos animais se apresentaram diante dele, "para o homem, todavia, não se achava uma auxiliadora que lhe fosse idônea" (20b).

Com essa revelação de que ainda lhe faltava alguma coisa e que "não era bom que o homem estivesse só", Deus entra em ação novamente, criando justamente a mulher como companheira, amiga, auxiliadora e complemento para ele (21,22).

O auxílio mútuo expresso na criação da mulher como "auxiliadora idônea" (Gênesis 2:18, 20) é fundamental na compreensão da importância do casamento e do papel da mulher. Infelizmente, o termo "auxiliadora idônea" tem causado frustração e confusão para aqueles que a entendem como "rebaixamento servil" ou "escravidão" da mulher. Outras versões traduzem a frase de outras maneiras:

> ... *alguém que o auxiliasse e lhe correspondesse* (NVI).

> ... *uma ajudadora adequada para o homem* (Almeida Século 21).

> ... *alguém que o ajudasse e o completasse* (Nova Versão Transformadora).

> ... *uma ajudadora que fosse como a sua outra metade* (Nova Tradução na Linguagem de Hoje).

Parte dessa frustração se deve ao fato de que esses temos "obscurecem o sentido do texto e sugerem uma subordinação *essencial*, que o texto original não indica".[4]

Um estudo mais profundo revela que "auxiliadora idônea", longe de ser um termo de desprezo, de fato enaltece o papel e status da mulher no plano de Deus. Quando o termo hebraico traduzido "auxiliadora" (*ʿēzer*) refere-se a pessoas no Velho Testamento, descreve o papel da mulher como ajudante do homem em dois textos (Gênesis 2:18,20). Em quase

---

[4] PINTO, Carlos Osvaldo. "Subsídios para uma teologia bíblica da mulher". *In*: REGA, Lourenço Stelio. *Paulo e sua teologia*. São Paulo: Vida Nova, 2009, p. 150.

todos os outros textos, é usado para designar ajuda *divina* (Cf. Salmos 121:1, 2), incluindo a ideia de assistência tanto material como espiritual.⁵

Podemos entender, à luz da analogia do uso desse termo para descrever como Deus "socorre" o homem, que a mulher é refúgio, auxílio, amparo e socorro para ele. Como "auxiliadora", ajudaria o homem nas tarefas de refletir a imagem de Deus a dois, reproduzir a imagem de Deus em novos adoradores e representar a imagem de Deus pela subjugação da Terra.

A palavra "idônea" indica alguém "conforme seu oposto", ou seja, complementar. Deus resolveu o problema da solidão do homem quando criou a mulher e a apresentou ao homem, formando a primeira família. Sua avaliação da nova situação foi que tudo era "muito bom" (Gênesis 1:31). Deus fez a mulher *como* o homem, mas *diferente* o suficiente para que ela pudesse *complementá-lo*. Assim, homem e mulher "se encaixam" porque cada um completa o que falta no outro. Por isso conseguem cumprir seus respectivos papéis dados por Deus. O texto estabelece um precedente divino para servir a Deus por meio da família.⁶

A ilustração das mãos nos ajuda a entender em que sentido a mulher complementa o homem. Nossas mãos são bem semelhantes, mas não são idênticas. Isso fica óbvio quando pomos uma mão sobre a outra. Porém quando colocamos as mãos uma oposta à outra, percebemos como uma mão espelha a outra. E se entrelaçarmos os dedos da mão direita com

---

5   Na verdade, o termo hebraico usado aqui é um dos epítetos mais comuns para o próprio Yahweh, o Deus de Israel (cf. Salmos 33:20). Logo, a passagem naturalmente valoriza a mulher, em lugar de desmerecê-la. Ela é apresentada em uma posição privilegiada, como agente de Deus na vida do homem. Das 21 ocorrências da palavra no Antigo Testamento, 17 se referem claramente a Yahweh, duas claramente à mulher, uma possivelmente a Yahweh (Deuteronômio 11:34) e uma à ajuda humana (PINTO, Carlos Osvaldo. "Subsídios", p. 150). Veja outros textos em que Deus é nosso "auxílio": Êxodo 18:4; Deuteronômio 33:29; Salmos 10:14; 27:9; 33:20; 70:5; 115:9,11; 118:7; 121:1, 2;146:5; Oseias 13:9.
6   Veja também 2Coríntios 6:14-16, em que o "jugo igual" é o ideal para relacionamentos humanos que exigem cooperação mútua para um benefício espiritual. O texto descreve o ideal dessas parcerias, que incluem casamento, como sendo "comunhão, harmonia e concordância". A metáfora agrícola sugere que o "jugo" deve servir o propósito de "cultivar" (evangelizar e discipular) o campo, que é o mundo (cf. Mateus 13:38).

os dedos da mão esquerda, percebemos como se complementam e se reforçam.

Essa é a ideia por trás do termo hebraico traduzido "idônea". Um cônjuge complementa o outro. Um reforça o outro. O lema do casamento cristão deve ser: "Um pelo outro e ambos para Deus". Precisamos um do outro para que a soma das partes seja maior quando estamos juntos do que quando separados!

Köstenberger resume esse aspecto da criação da mulher:

> Ela [Eva] é colocada junto ao homem como sua *companheira* ou *ajudadora*. Em termos pessoais, ela suprirá a necessidade masculina de *companhia* (2:18). Em relação à ordem de Deus para que a humanidade frutifique e se multiplique, encha a terra e a sujeite (1:28), a mulher é uma parceira adequada tanto na *procriação*... como na *sujeição* da terra... Seu papel é *distinto* do papel do homem e, no entanto, é *singular* e extremamente *relevante*. Ao mesmo tempo em que foi designada "ajudadora" do homem e, portanto, colocada sob sua responsabilidade geral, a mulher é sua parceira na tarefa de dominar a terra para Deus.[7]

Alguns têm usado o fato de que Deus é chamado de "ajudador" do homem para justificar igualitarismo, ou seja, que homem e mulher são essencial e funcionalmente iguais, sem qualquer vislumbre de subordinação ou distinção, mas tudo no texto argumenta o contrário. Mesmo na Trindade, percebemos uma igualdade essencial (do "ser") com diferenciação funcional (do "fazer").[8]

O que não podemos esquecer é que esse relacionamento correspondente de auxílio mútuo faz parte da "imagem e semelhança de Deus" que foi o propósito pelo qual Deus fez o casal (Gênesis 1:26,27). O desempenho

---

[7] KÖSTENBERGER, Andréas; JONES, Robert. São Paulo: Vida Nova, 2011, p. 31.
[8] "Se [...] tratar-se de uma questão de subordinação *funcional*, em termos de *distinção de papéis*, a simples aplicação do termo "ajudador" para Deus no Antigo Testamento não impede a subordinação da mulher ao homem como sua "ajudadora". Da mesma forma, a divindade do Espírito Santo não fica comprometida pelo fato de ele servir e habitar em seres humanos presos à carne" (Köstenberger, p. 31).

alegre de seus respectivos papéis serve como reflexo da complementaridade que existe entre Pai, Filho e Espírito Santo.

Como veremos mais adiante, qualquer discussão sobre os papéis de submissão respeitosa feminina (Efésios 5:22-24, 32) e liderança amorosa masculina (Efésios 5:25-33) que não leva em conta o *propósito dos papéis* no casamento como reflexo da imagem da Trindade, está fadada a superficialidade, banalidade e equívocos. O texto de 1Coríntios 11:3 deixa isso muito claro.

> *Quero, entretanto, que saibais ser Cristo o cabeça de todo homem, e o homem o cabeça da mulher, e Deus o cabeça de Cristo* (1Coríntios 11:3).

Da mesma maneira como o homem é o cabeça (autoridade) sobre a mulher, Deus o Pai é o "cabeça" de Cristo, sem qualquer conotação de "inferioridade", como se o Filho fosse menos Deus que o Pai (uma heresia antiga).[9]

O reverendo Augustus Nicodemos Lopes reconhece a importância desse princípio:

> Partindo do relacionamento entre Pai e Filho, Paulo estabelece uma hierarquia que desce até a família. Uma ordenação divina que começa em Deus Pai e termina nos filhos — se formos seguir a cadeia hierárquica até o fim.
>
> Os que entendem a posição de submissão da esposa como uma coisa já passada, restrita ao pensamento machista da sociedade patriarcal daquela época, deixam sem explicação o sólido ancoramento teológico de Paulo nos relacionamentos internos da Trindade.

---

[9] Assim como na Trindade o Pai, como a fonte da divindade, tem certa precedência sobre o Filho e o Espírito, mas todos são igualmente Deus em interdependência eterna, assim é com o homem e a mulher na comunhão que Deus planejou e criou. Pai, Filho e Espírito Santo são igualmente Deus. Outra vez, porém, envolve uma diferenciação ordenada. Dentro da unidade do ser triúno, Deus, o Pai, não é o Filho, e o Filho não é o Pai. O Pai, como fonte da divindade, gera eternamente o Filho. Igualdade diferenciada ou ordenada mais uma vez caracteriza o relacionamento que serve como outro modelo para o relacionamento entre homem e mulher (marido e esposa).

Enquanto a Trindade for o que é, o princípio de subordinação ao cabeça permanece válido para o casamento.[10]

Há várias implicações práticas desse princípio. "Se duas pessoas sempre concordam, uma delas é desnecessária".[11] Não nos casamos simplesmente para ter outra pessoa para carimbar nossas decisões unilaterais. Deus une pessoas diferentes e muitas vezes opostas justamente para revelar pontos cegos na vida do outro, para servir de "ferro que se afia com o ferro" (Provérbios 27:17), promovendo melhorias para que cada um seja mais parecido com Cristo Jesus (Romanos 8:29).

É interessante notar que, logo em seguida (Gênesis 2:24), Deus dará o relacionamento sexual ao casal casado como selo e símbolo não somente da intimidade e seriedade do pacto conjugal, mas também como uma representação física da complementação mútua que existe entre eles (veja também Hebreus 13:4).

Observe que o desfecho da criação da imagem de Deus (1:27) manifestado no casamento (2:24) foi "muito bom" (1:31) — o ápice da criação!

A mulher foi feita *para* ou "por causa" do homem, como Paulo claramente afirma em 1Coríntios 11:9, texto em que o apóstolo esclarece justamente o papel e a submissão das mulheres nas igrejas: "Porque também o homem não foi criado por causa da mulher; e, sim, a mulher, por causa do homem".

A autora Martha Peace aponta o significado disso:

> A ordem da criação tem um significado no papel do marido e da esposa. O marido foi criado para governar sobre a terra; a esposa, em seguida foi criada para ser-lhe uma "auxiliadora" idônea. Embora um não seja inferior ao outro, ambos foram criados à imagem de Deus e cada um foi criado para desempenhar um papel diferente.[12]

---

[10] LOPES, Augustus Nicodemus; LOPES, Minka Nicodemos. *A Bíblia e sua família*. São Paulo: Cultura Cristã, 2001, p. 40.
[11] WRIGLEY, JR. William. "Spunk Never Cost a Man a Job Worth Having", artigo por Neil M. Clark e Stuart Page, in *The American Magazine*, v. 111, n. 3, março 1931, p. 63.
[12] PEACE, Martha. *Esposa excelente*: uma perspectiva bíblica. São Paulo: Fiel. 2008, p. 62.

> **Para refletir e compartilhar**
>
> Dizem que "opostos se atraem". Avalie essa ideia à luz de Gênesis 2:15-20.
>
> Em que sentido a frase "auxiliadora idônea" enaltece o papel da mulher? Quais são maneiras práticas em que a esposa reflete a pessoa de Deus ao auxiliar (socorrer, ajudar, refugiar) o marido?

CONCLUSÃO

A câmera lenta de Gênesis 2 faz um *replay* da criação do homem e da mulher para que apreciemos os detalhes de como o casal casado reflete a imagem de Deus em seu relacionamento complementar.

No progresso da revelação, logo notaremos como a Queda alterou dramaticamente esse relacionamento mutuamente complementar (3:7,16-19). Os efeitos imediatos da Queda foram manifestados em vergonha (perda de inocência e transparência), culpa mútua, conflito e a corrupção da multiplicação da imagem de Deus nos filhos e do governo da Terra. Chauvinismo masculino, feminismo desenfreado, conflito conjugal, inversão de papéis e muito mais surgem quando homens e mulheres deixam de realizar os papéis que Deus lhes deu para sua glória.

> O propósito da ajuda feminina não é exaltar o homem. Não tem nada a ver com ele (nem com ela). A ajuda da mulher contribui para que os dois alcancem um propósito eterno maior e mais nobre, muito mais amplo e significativo que sua própria existência individual. A mulher trabalha e serve junto do marido tendo em vista o mesmo objetivo para o qual ele trabalha e serve. Que objetivo é esse? A glória de Deus. A esposa ajuda o marido a exaltar e exibir a incrível magnificência do evangelho de Jesus Cristo.[13]

Embora a Queda tenha complicado demais o relacionamento complementar do casal, a restauração em Cristo significa que, mais uma vez,

---

[13] KASSIAN; DEMOSS. *Design divino*, p. 86.

assistência mútua entre o marido e sua esposa pode ser a regra e não a exceção. O Espírito de Deus capacita o homem e a esposa a fazer o sobrenatural — amar sacrificialmente como Cristo amou e submeter-se voluntariamente como Cristo se submeteu ao Pai (e o Espírito se submeteu ao Pai e ao Filho), como a igreja se submete a Cristo (Efésios 5:18-6:4).

Quando cumprimos nossos papéis no lar, quando preenchemos o que falta no cônjuge, quando auxiliamos e complementamos um ao outro, refletimos a imagem e a glória do nosso Deus. De forma prática, afirmamos que duas pessoas se casam para que juntos possam melhor "cultivar e guardar" o Jardim do Senhor. Hoje, o "campo é o mundo" (Mateus 13:38) e Deus ainda une casais que se complementarão de tal forma que juntos possam fazer mais para o Reino do que separados.

Podemos sugerir algumas aplicações práticas desse estudo:

1. Deus criou a mulher, em primeiro lugar, para ser uma adoradora dele, ter comunhão com Ele, andar com Ele e refletir de volta para Ele a glória do seu ser. Ela cumpre esse papel sendo solteira ou casada.
2. Precisamos um do outro. Casamento é complementação, não competição. Não devemos tentar criar o nosso cônjuge à nossa própria imagem!
3. Maridos e esposas precisam maximizar os dons e talentos um do outro. Casamento é uma missão de resgate mútuo. Minhas habilidades provavelmente complementam as necessidades do meu cônjuge e vice-versa.
4. Se a mulher é o "auxílio" perfeito e correspondente ao homem, então o oposto também é verdade. Homens precisam tomar cuidado para não abafar as contribuições de suas esposas e vice-versa.
5. A verdadeira realização do ser humano depende do seu contentamento com os respectivos papéis dados por Deus. Quando fugimos disso, encontramos frustração, confusão e desespero.
6. A essência do debate sobre papéis não é tanto uma questão cultural ou antropológica, mas uma questão teológica! O reflexo da Glória do Deus triúno está em jogo no debate sobre papéis no lar e na igreja!

A GRANDE IDEIA

O relacionamento complementar entre homem e mulher é um reflexo da imagem de Deus!

3 | Mulheres no plano de Deus: a queda

"Espelho, espelho meu, existe alguém mais bela do que eu?"
As palavras clássicas do conto de fadas *Branca de Neve* tipificam o auge da vaidade. A rainha madrasta da história fica louca quando o espelho responde que outra — a Branca de Neve — era mais bela do que ela.

Quando chegamos ao fim da narrativa da criação em Gênesis 2, o recém-criado casal Adão e Eva serve como espelho belo e nítido da glória da imagem de Deus (Gênesis 1:27). Por isso, Deus declara que tudo era "muito bom" (Gênesis 1:31).

No entanto, alguém não estava contente. Satanás já foi condenado por Deus por querer elevar seu trono acima do trono de Deus (Ezequiel 28:2, 11ss). Em resposta, virou-se contra o homem e a mulher na tentativa de sujar o "espelho" de suas vidas, por serem uma lembrança constante da glória que ele mesmo nunca atingiria. Satanás tentou ofuscar aquela imagem e vingar-se de Deus (Gênesis 3:1ss; veja Apocalipse 12:9).

Gênesis 3 explica as origens da tentação e do pecado, bem como mostra suas consequências no mundo e na vida tanto do homem como da mulher e, em conjunto, na família. Contudo, além de tratar da tragédia do pecado, também mostra o triunfo da graça. Gênesis 3 é uma miniatura da história do universo e do plano de Deus para a salvação do homem.

A lua de mel no final de Gênesis 2 mostra a inocência do casal criado à imagem de Deus. Com isso, o palco está preparado para o ataque da serpente que detestava aquela imagem. O texto nos instrui em muitos níveis, mas nosso foco será no impacto que a Queda teve no plano divino para a humanidade e, especificamente, para a vida da mulher. Também traçaremos o ciclo de vida (e morte) da tentação e suas consequências em nossas vidas.

Além de tudo mais, temos de reconhecer que quando você se casa com alguém, você e seu cônjuge começam a sofrer mudanças profundas e não há como saber de antemão quais serão essas mudanças. E ao contrário do que alguns pastores e terapeutas contemporâneos têm sugerido — de que as mudanças entre duas pessoas ao longo dos anos servem como justificativa para separação, divórcio e recasamento — é justamente o compromisso da aliança conjugal que dá liberdade e segurança para que essas mudanças aconteçam num contexto de amor incondicional.

> Ao longo dos anos, você passa por fases em que precisa aprender a amar um indivíduo com o qual você não se casou, alguém que, em certos aspectos, é um desconhecido. Você terá de fazer mudanças que não deseja e seu cônjuge também. No devido tempo, a jornada pode levá-los a um casamento sólido, terno e cheio de alegria. Mas isso não acontece porque você se casou com alguém perfeitamente compatível. Essa pessoa não existe.[1]

---

[1] KELLER; KELLER, *O significado do casamento*, p. 47, 48. Como resultado da Queda, haveria uma concorrência entre homem e mulher em vez de contentamento e realização dentro dos respectivos papéis que Deus lhes determinou na Criação. O Éden começou com uma perfeita complementação mútua entre homem e mulher, com igualdade no ser e diferença no fazer, em que o homem assumiu normalmente o papel de líder amoroso e a mulher de auxiliadora idônea. Tudo isso mudou em Gênesis 3:16, como veremos no próximo capítulo.

Vamos acompanhar a história da humanidade em seu triste afastamento do Deus triúno e como isso afetou cada um em seus respectivos papéis, para depois encontrar soluções na graça do Evangelho de Cristo no próximo capítulo.

1. O PERCURSO DO PECADO (GÊNESIS 3:1-6)

Aprendemos muito sobre o ciclo de vida e morte que a tentação produz nesses versículos. Como o Novo Testamento nos lembra, não somos (e não devemos ser) ignorantes às estratégias de Satanás, que visam corromper a imagem de Deus refletida em nós (2Coríntios 2:11).

A triste história da tentação e subsequente queda da raça humana em Gênesis 3 fornece uma prévia de coisas piores por vir. A natureza humana logo se manifesta. Provérbios 27:20 observa: "O inferno e o abismo nunca se fartam e os olhos do homem nunca se satisfazem". Para acentuar o fato da nossa triste realidade, o relato de Gênesis mostra como, mesmo no Paraíso, o homem não estava contente.

A história serve como miniatura do enredo humano até hoje. A natureza humana está sempre insatisfeita, descontente, sempre em busca de algo maior e melhor. No caso dos papéis de homem e mulher, a história também comprova que tanto o homem quanto a mulher vivem suas vidas como pecadores em constante competição e conflito, algo bem diferente do propósito pelo qual foram criados (Gênesis 3:16b).

A. Dúvida da Palavra de Deus (v. 1-3)

> Mas a serpente, mais sagaz que todos os animais selváticos que o Senhor Deus tinha feito, disse à mulher: É assim que Deus disse: Não comereis de toda árvore do jardim? Respondeu-lhe a mulher: Do fruto das árvores do jardim podemos comer, mas do fruto da árvore que está no meio do jardim, disse Deus, Dele não comereis, nem tocareis nele, para que não morrais (Gênesis 3:1-3).

O primeiro passo no percurso da tentação é a dúvida: dúvida quanto ao caráter e à Palavra de Deus. Satanás sutilmente subverte a ordem divina de liderança masculina e auxílio feminino quando aborda a mulher, e não o homem. Afinal, ela não era criada quando Deus deu suas ordens para Adão sobre sua gerência do Jardim (Gênesis 2:16,17): "Sabemos que sua abordagem foi uma desvirtuação calculada do plano de Deus para a liderança de Adão no relacionamento".[2] Satanás inicia seu ataque contra a imagem de Deus mirando o relacionamento conjugal e os papéis de cada um.[3]

Uma pergunta diabólica semeia dúvidas na mente da mulher: "É assim que Deus disse...?" A serpente questiona a bondade e provisão graciosa de Deus. Eva já fica na defensiva. A Palavra de Deus e o caráter de Deus estão em jogo.

O apelo do inimigo em Gênesis 3:1 foca a atenção na *única* proibição que Deus havia dado para o homem, antes da criação da mulher, em Gênesis 2:16. Deus havia liberado tudo no Jardim para o casal comer "livremente". Havia somente *uma* restrição: o fruto da árvore do conhecimento do bem e do mal. Satanás aproveita a oportunidade, aborda a mulher (provavelmente na presença do homem, conforme veremos no v. 6) e coloca sua lente de aumento sobre a proibição, não a permissão: "É assim que Deus disse: *não* comereis de *árvore* do jardim?" (3:1).

Nessa altura, Eva encontra-se em uma situação incômoda e difícil. Foi um ataque sutil e desleal por parte de Satanás, que enfrenta a mulher, e não o marido que havia recebido as ordens diretamente de Deus. Ao mesmo tempo, como auxiliadora idônea, seu papel era de apoiar o marido, não tomar a frente dele na guarda do Jardim e da Palavra de Deus.

---

[2] KASSIAN; DeMOSS. *Design divino*, p. 101.

[3] Satanás odeia a família porque ela reflete a imagem da família divina. Seu ataque começou no Jardim, mas continua hoje. Não é por acaso que o maior texto bíblico sobre batalha espiritual vem logo após o maior texto bíblico sobre os papéis no lar (Efésios 6:10-20 logo após Efésios 5:18-6:9). Muitos outros textos refletem essa batalha contra a família, como 1Timóteo 4:1-3; Tito 1:10,11; 2Timóteo 3:1-5). Andréas Köstenberger afirma: "Nesse conflito espiritual cósmico, Satanás e seus subalternos se opõem ativamente ao plano do Criador para o casamento e a família e procuram distorcer a imagem de Deus refletida em casamentos e famílias que honram ao Senhor. Uma vez que o casamento é um elemento fundamental da economia divina, o Diabo procura sempre atacar esse relacionamento humano instituído por Deus. Os cristãos devem, portanto, estar preparados para combater o bom combate e defender o próprio casamento, bem como a instituição mais ampla do matrimônio" (KÖSTENBERGER. *Deus, casamento e família*, p. 283, 285).

Uma resposta ideal teria sido, "Serpente, quanto a isso você terá de conversar com meu marido. Por minha parte, só sei que Deus é bom e sua Palavra traz vida. Afaste-se de mim!".

Eva, no entanto, sente-se obrigada a responder; infelizmente, ela foi inconsequente ao fazê-lo. Enquanto o tentador torceu a Palavra e sutilmente questionou o caráter de Deus, Eva erra pelo menos *três vezes* com respeito à Palavra. As diferenças para nós talvez pareçam sutis, até mesmo insignificantes, mas quando lembramos o contexto de Gênesis 1 e 2, em que a Palavra poderosa de Deus criou o mundo e concedeu vida, logo fica evidente que esses "errinhos" são potencialmente fatais.

Eva subtraiu e acrescentou à Palavra de Deus.[4] As mudanças feitas sugerem que ela já estava sendo enganada (como Paulo afirma em 1Timóteo 2:14), que talvez ela não tenha levado tão a sério a Palavra de Deus, e muito provavelmente que Adão havia falhado na transmissão da Palavra a ele confiada. E quando lembramos que, ao que tudo indica, ele estava presente, o fato de que não interferiu enquanto a serpente seduzia sua própria mulher também sugere que ele foi omisso e passivo. O precedente estabelecido na Queda continua evidente nos descendentes de Adão e Eva e em nossos casamentos.

A tentação de Adão e Eva nos lembra de outra tentação — do Último Adão — séculos depois (cp. Mateus 4:1-11). Só que, diferente do casal no Paraíso de Deus, Jesus encontrava-se no deserto árido, privado de tudo por 40 dias e 40 noites. Jesus, que é o "resplendor da glória e a expressão exata" da imagem de Deus (Hebreus 1:3), também foi atacado pela Serpente. Ele, porém, respondeu às tentações, citando perfeitamente a Palavra de Deus. Isso, porque "não só de pão viverá o homem, mas de cada palavra que procede da boca de Deus" (Mateus 4:4).

Por duas vezes Eva diminuiu o que Deus havia dito (esse fato fica ainda mais evidente no texto hebraico original). Ele tinha falado, "Comerás livremente"; ela disse, "Podemos comer". Ele falara "certamente morrerás", e ela disse "para que não morrais". Finalmente, Eva acrescentou à Palavra de Deus o que Deus não havia dito: "nem tocareis".

---

[4] Alguns textos que advertem contra isso incluem: Provérbios 30:5,6; Deuteronômio 18:20-22; Apocalipse 22:18,19.

O percurso do pecado começa quando somos omissos, passivos e subversivos em duvidar da Palavra de Deus e quando abandonamos nossos respectivos papéis como homem e mulher.

> **PARA REFLETIR E COMPARTILHAR**
>
> Como que duvidamos do caráter de Deus e da Palavra de Deus no dia a dia? Como que mulheres podem encorajar seus maridos a serem líderes espirituais em seus lares?
>
> Quais os perigos quando a Palavra de Deus não é central em nossas vidas, em nossas famílias e na igreja? Como nós, mulheres, podemos fazer com que ela ocupe seu devido lugar em nossas vidas e em nossas famílias, sem usurparmos o papel do marido?

B. Negação (v. 4,5)

> Então a serpente disse à mulher: É certo que não morrereis. Porque Deus sabe que no dia em que dele comerdes se vos abrirão os olhos e, como Deus, sereis conhecedores do bem e do mal (Gênesis 3:4-5).

O segundo passo no percurso da tentação é a negação escancarada da Palavra. Satanás, o pai da mentira (João 8:44) ousa acusar Deus de ser mentiroso quando berra, "É certo que não morrereis".[5] Infelizmente, tudo indica que Eva estava confusa quanto à Palavra. Satanás, tendo plantado sementes de dúvida sobre a Palavra e o caráter de Deus no coração dela, agora avança para aplicar o golpe fatal. A Serpente sugere que Deus não era bom, que Ele não tinha o bem do casal em mente, que existia grama mais verde do outro lado da cerca e que eles poderiam ser *como Deus*. (Ironicamente ele oferece semelhança a Deus para o casal que já era "imagem e semelhança de Deus" [Gênesis 1:26,27]). Eles eram mais parecidos com Deus do que a Serpente, mas mesmo assim, caíram no

---

[5] É interessante notar que as palavras de Satanás agora são mais próximas do que Deus havia dito, do que as palavras de Eva. Ele nega a Palavra de Deus e diz, literalmente: "Não, 'certamente morrerás'".

golpe dela. Foi a mesma estratégia que Satanás usou na tentação de Jesus no deserto, só que com outro resultado (Mateus 4:1-11).[6]

C. Desejo (v. 6)

> Vendo a mulher que a árvore era boa para se comer, agradável aos olhos, e árvore desejável para dar entendimento, tomou-lhe do fruto e comeu, e deu também ao marido, e ele comeu (Gênesis 3:6).

Logo vem o terceiro e último passo no percurso do pecado, o golpe fatal. Satanás tinha feito seu trabalho sujo. As sementes de dúvida e negação encontraram solo fértil no desejo da mulher, culminando em rebeldia.

Observe a sequência rápida dos eventos seguintes e o desenrolar do desejo desenfreado. A isca da cobiça levou ambos até esse ponto, e eles não resistiram.

Em todo o percurso da tentação, ficamos a perguntar, "Onde estava Adão?". A resposta está no final do versículo 6. Uma tradução literal do final do versículo diz que ela "tomou-lhe do fruto e comeu, deu também ao marido *com ela* e ele comeu". É possível que a frase "com ela" simplesmente se refira ao fato de que o homem estava "com ela" no Jardim — em algum lugar. No entanto, esse fato era óbvio (e talvez explique por que algumas versões não traduzem a frase). Contudo, a rapidez na sequência dos verbos e a leitura natural da narrativa sugerem que Adão estava bem próximo — possivelmente ao lado dela — quando tudo aconteceu.[7]

O texto traz implicações para a liderança masculina, bem como a omissão e a passividade que minam o fundamento do lar. Além disso, vemos

---

[6] Pense sobre a ironia nesta tentação. Isaías 14:12-15 provavelmente descreve a queda de Satanás. Ele que tentou elevar seu trono acima do trono de Deus, agora usa a ambição para atrair o casal, oferecendo o que eles já tinham — semelhança a Deus —, só que de forma distorcida!

[7] Há pelo menos três razões pelas quais acreditamos que Adão se encontrava presente na tentação: 1) Gênesis 3:6 diz que ele estava ali "com ela"; 2) a sequência de toda a narrativa registrada em Gênesis 3:1-7 sugere que Eva se voltou imediatamente para Adão e lhe deu o fruto; e 3) outros homens em Gênesis vivenciaram esse problema antigo do silêncio de Adão, sugerindo que seu silêncio se tornou um padrão para seus descendentes masculinos.

como a mulher que deveria ter sido auxiliadora idônea tornou-se, na verdade, o tropeço que levou à Queda. Cada um abandonou seu papel.

Percebemos em nosso mundo como os precedentes estabelecidos no primeiro pecado continuam ecoando em nossas vidas e em nossos casamentos. Mulheres que tomam a frente e homens que abandonam a liderança espiritual do lar revelam-se como novos "Adão e Eva".

Ao comer, o homem colocou sua esposa como deusa em sua vida, obedecendo a voz dela em vez de Deus. Foi justamente essa atitude que Deus aborda em *primeiro* lugar quando fala ao homem em 3:17, "Visto que atendeste a voz de tua mulher...". O homem quis agradar a esposa antes de agradar a Deus. Ele não foi enganado como a mulher (1Timóteo 2:14). Sabia exatamente o que estava fazendo. Simplesmente decidiu desobedecer.

Quanto à mulher, foi a cobiça que a levou a tomar a frente e derrubar as ordens de Deus e o próprio marido.

Quando a serpente deu bote no casal, quando injetou o veneno do pecado nas veias da raça humana, todos nós caímos (Romanos 5:12-19). A imagem de Deus refletida no espelho do casal ficou embaçada, corrompida e distorcida.[8] A tragédia do pecado fez com que a vida nunca mais fosse a mesma. Fomos mergulhados nas trevas do pecado.

> **PARA REFLETIR E COMPARTILHAR**
>
> Em quais sentidos a observação de Provérbios 27:20 aplica-se na vida da mulher? "O inferno e o abismo nunca se fartam, e os olhos do homem [ou da mulher] nunca se satisfazem."
>
> O reformador João Calvino disse que o coração humano é uma fábrica perpétua de ídolos. Quais são os "ídolos" no seu coração (Ezequiel 14:1-11) que criam desejos que culminam em conflitos e desastre (veja também Tiago 4:1-5).

---

[8] FITZPATRICK, Elyse. *Ídolos do coração:* aprendendo a desejar apenas Deus. São Paulo: ABCB, 2009, p. 146.

2. AS CONSEQUÊNCIAS DO PECADO (GÊNESIS 3:7-13)

O próximo ato no drama do texto revela as consequências inevitáveis do pecado. Sabemos que pecado é ruim, mas nem sempre entendemos o *quanto* ele é devastador. Precisamos permitir que as consequências horríveis do pecado sejam sentidas enquanto estudamos esse parágrafo. Temos que odiar o pecado e seus resultados trágicos.

A. Vergonha (v. 7a)

> Abriram-se, então, os olhos de ambos; e, percebendo que estavam nus, coseram folhas de figueira e fizeram cintas para si (Gênesis 3:7).

Os olhos do casal se abriram. Viram sua nudez. Só que agora, têm o sentimento de culpa e vergonha. Não mais uma nudez inocente, sem vestígio de vergonha (Gênesis 2:25). Agora, era uma nudez vergonhosa. Eles sentem-se expostos. Foi-se a sua inocência e a autenticidade do seu relacionamento. Sentiram-se sujos, cobertos com a poluição do seu próprio pecado.

B. Religiosidade (v. 7b)

Note a resposta do casal diante da sua imundícia. Tentam se cobrir. Procuram esconder sua vergonha com folhas de figueira, arrancadas de uma árvore qualquer. Esse foi o primeiro ato "religioso" no mundo. Não foi suficiente, pois não havia derramamento de sangue, nem morte (Hebreus 9:22).

"Religião" (do latim: *religare,* ou seja, a tentativa de "religar-se" a Deus) representa o esforço do homem para reatar-se com Deus, cobrir seu pecado, apagar sua vergonha, tirar sua culpa. Atos religiosos são tentativas fúteis feitas conforme a vontade do homem, e não de Deus.

Na tentativa de apaziguar sua culpa, alguns negam a existência de um Deus para quem terão de prestar contas. Outros se escondem por trás da ideia de forças cósmicas impessoais que não reconhecem a existência de pecado. Alguns usam a ciência para evitar a prestação de contas a um Deus Criador. Ainda outros tentam compensar o seu pecado por meio de boas obras e ritos religiosos, procurando desesperadamente tirar as manchas do pecado da sua alma. E outros se ferem a si mesmos na tentativa de extirpar o sentimento de culpa. No entanto, a podridão do pecado nunca pode ser remediada pelo esforço humano.

C. Medo (v. 8-10)

> Quando ouviram a voz do Senhor Deus, que andava no jardim pela viração do dia, esconderam-se da presença do Senhor Deus, o homem e sua mulher, por entre as árvores do jardim, e chamou o Senhor Deus ao homem, e lhe perguntou: Onde estás? Ele respondeu: Ouvi a tua voz no jardim, e, porque estava nu, tive medo e me escondi (Gênesis 3:8-10).

Então, aconteceu algo assustador para o casal. O próprio Deus desceu para o Jardim para passear com seus filhos, mas eles haviam sumido. A "imagem de Deus", feita para ser vista e para espelhar e espalhar a glória de Deus, estava escondendo-se atrás das árvores e dos arbustos do jardim. A criatura fugiu do Criador.

Deus nos criou com o propósito de sermos reflexos vivos de quem Ele é, mas o espelho ficou sujo. A comunhão virou corrupção. A amizade se tornou em medo. A luz de suas vidas transformou-se em trevas.

Note a cumplicidade do casal: "esconderam-se da presença do Senhor Deus, *o homem e sua mulher*". O casal que Deus criara para *juntos* refletirem sua glória, agora *juntos* fogem da sua presença.

Então, Deus chama o *homem*. Mais uma vez o texto revela a responsabilidade de liderança masculina. Deus havia dado as ordens do Jardim para o homem antes de criar Eva. Agora Ele chama o homem: "Onde estás?".

Há evidência aqui da graça de Deus, não somente na pergunta feita, mas em todo o diálogo travado entre Deus e o homem. Isso, porque Deus já havia declarado a morte certa de quem comesse da árvore do conhecimento do bem e do mal (2:17). Por ser onisciente, Deus não precisava dialogar com o homem, muito menos com o casal, mas o fato de *perguntar* a Adão já abre uma porta de esperança e de arrependimento.

As perguntas que Deus faz para pessoas nas Escrituras não são feitas porque Ele não sabe a resposta. São feitas para estimular compreensão em nós sobre o que precisamos saber! Aquele clamor "Onde estás?" continua ecoando pelos corredores do tempo até nós. A Bíblia ensina que é

Deus quem busca o homem, e não o contrário (Romanos 3:9-20); nós o amamos porque primeiro Ele nos amou (1João 4:19).

Note a resposta reveladora de Adão. Apesar de ter-se coberto com folhas de figueira, ele responde "Porque estava nu, tive medo e me escondi". Apesar das folhas de figueira, ele ainda se sentia nu! A religião própria e o esforço humano para cobrir a nudez vergonhosa do pecado eram fajutos. Adão e Eva ainda estavam expostos diante dos olhos para quem precisavam prestar contas.

Uma das maiores tragédias do pecado é o medo do Criador que ele causa em nós. Rompeu-se a comunhão. Corrompeu-se a adoração. Em seu lugar ficava o medo da justa e santa ira de Deus que *precisa* cair sobre toda a iniquidade (Romanos 1:18). Como caímos quando Adão e Eva comeram aquele fruto proibido!

PARA REFLETIR E COMPARTILHAR

Leia Hebreus 4:12-16. Em que sentido continuamos "nus" diante de Deus e de sua Palavra? Qual é a solução para isso à luz desse texto?

Onde você encontra graça nas perguntas de Deus para o homem? Como isso deve nos dar esperança?

D. Conflito conjugal (culpa) (v. 11-13)

Perguntou-lhe Deus: Quem te fez saber que estavas nu? Comeste da árvore de que te ordenei que não comesses? Então disse o homem: A mulher que me deste por esposa, ela me deu da árvore, e eu comi. Disse o Senhor Deus à mulher: Que é isso que fizeste? Respondeu a mulher: A serpente me enganou, e eu comi (Gênesis 3:11-13).

Além da cumplicidade na fuga e da vergonha da nudez, percebemos outras consequências horríveis do pecado na vida conjugal. Deus continua sua interrogação, primeiro de Adão, depois de Eva, sempre visando à confissão do pecado, o arrependimento verdadeiro e a restauração do relacionamento. Nas palavras de Provérbios 28:13, "O que encobre as suas transgressões, jamais prosperará; mas o que as confessa e deixa, alcançará misericórdia" (veja 1João 1:9).

Infelizmente, ambos desperdiçaram essa oportunidade de confessar, deixar o pecado e clamar por misericórdia. Em vez disso, tentaram mais uma vez encobrir sua transgressão.

Nessa hora o casal já começa a colher o fruto podre do seu pecado justamente no relacionamento a dois, feito para ser um reflexo da glória do amor, da comunhão, da unidade e da fidelidade da própria Trindade. Agora a raiz do pecado se manifesta — egocentrismo — em contraste com a vida "outrocêntrica" que é a vida do Último Adão, Jesus (Marcos 10:45). A partir desse momento, é "cada um por si" (veja Tiago 4:1-4).

Aqui encontramos conflito conjugal do pior tipo. Em vez de admitir sua culpa, passividade, idolatria, desobediência e rebeldia, Adão continua descendo a escada para o porão do pecado, tentando transferir a culpa para Eva e, no fim, para Deus ("a mulher que *tu* me deste"). Todo mundo estava errado, menos ele. Imagine como Eva deve ter se sentido quando aquele que Deus lhe deu como provedor, protetor e pastor (veja Efésios 5:25-33) agora a condena a uma morte fulminante diante de Deus!

Irônica e tragicamente, nessa altura o casal já reflete atributos do próprio Diabo, o acusador dos irmãos e o pai da mentira (João 8:44, Apocalipse 12:10,11). Em vez de assumir a culpa, defender a esposa e protegê-la, esse mesmo homem que pouco antes havia cantado "Esta, afinal, é osso dos meus ossos e carne da minha carne" (Gênesis 2:23) agora se vira contra a própria esposa. O homem aponta seu dedo em direção a Eva e efetivamente a condena à morte para salvar a própria pele.

Eva, por sua vez, também faz o possível para se justificar, apontando em direção à serpente, isentando-se de qualquer culpa: "Foi o diabo que me fez pecar!".

Infelizmente, esse mesmo precedente continua até hoje. Homens omissos e passivos preferem culpar aqueles ao seu redor a admitir seu pecado e assumir a responsabilidade por ele. Expõem suas esposas e suas famílias à tragédia do pecado e das suas consequências em vez de serem os protetores do lar. Mulheres que contribuem para a destruição de seus lares (Provérbios 14:1) apontam em outras direções para não assumir sua culpa.

Enquanto o primeiro Adão apontou seu dedo para acusar a Eva, o último Adão estendeu seus braços no Calvário para perdoar a Igreja. O primeiro, culpado, transferiu a culpa para a esposa. O último, inocente, assumiu a culpa da Igreja. O primeiro Adão tentou se salvar ao condenar a esposa a uma morte fulminante. O último Adão entregou sua vida para que nós não fôssemos condenados.

Somente em Cristo é que esses efeitos trágicos do pecado podem ser revertidos. Somente em Cristo é que nós mulheres podemos ser a Eva que Eva foi feita para ser.

Keller e Keller destacam uma aplicação prática para casais que se encontram em conflito: "Ao enfrentar qualquer problema no casamento, a primeira coisa que você deve procurar na base da questão é, em certa medida, o egocentrismo e a indisposição de servir ou ministrar ao outro".[9]

Se aprendemos uma lição desse texto, é que o pecado é horrível. O pecado é devastador. Ele *nunca* vale a pena!

Nossa tendência é minimizar a seriedade do pecado. Contamos "mentirinhas brancas" e cremos que "errar é humano". Jesus ensinou sobre a seriedade do pecado em Mateus 5:29,30. O pecado deve ser tão temido ao ponto de tomarmos medidas *radicais* para evitá-lo, ao ponto de Jesus usar a figura de amputação de membros do corpo para não sermos enredados por ele. No entanto, o que realmente precisamos não é uma amputação física dos membros do nosso corpo (hipérbole no texto), mas um transplante do nosso coração, o que mais tarde será chamada de "Nova Aliança" escrita na tábua do coração.

CONCLUSÃO

Como vimos neste texto, o pecado é especialmente destrutivo no lar. Homens passivos, egoístas, que se protegem e fogem de prestação de contas, convivem com mulheres ambiciosas, egoístas e insubmissas. Uma fórmula para o desastre.

---

[9] KELLER; KELLER, *O significado do casamento*, p. 75.

O inimigo conseguiu ofuscar a imagem de Deus na beleza do espelho do ser humano. Hoje, ao fitarmos nossa imagem refletida nessa história, exclamamos, "Espelho, espelho meu, existe alguém mais feio do que eu?". Graças a Deus, o Filho de Deus veio ao nosso encontro para nos libertar de nós mesmos. Aprenderemos mais sobre isso no próximo capítulo.

A GRANDE IDEIA

O pecado ofusca a imagem de Deus no homem!

PARA REFLETIR E COMPARTILHAR

Como nós, mulheres, fugimos da crítica e da confissão da nossa culpa? Reflita sobre isso à luz de Provérbios 28:13 e 1João 1:9.

Como Jesus foi diferente de Adão quando assumiu a nossa culpa? Qual é a lição para todos nós em meio a conflitos familiares? (Leia Efésios 5:25-33).

4 Mulheres no plano de Deus: a restauração

MAGINE QUE UM DIA você descobre que alguém está vendendo drogas para seu filho adolescente na esquina da sua rua. O que você faria? Provavelmente daria um jeito de tirar aquele criminoso de perto da sua casa. Ao mesmo tempo, trabalharia na vida do seu filho para tirá-lo do mundo dos narcóticos.

Quando chegamos à segunda metade da trágica história da Queda da raça humana em Gênesis 3, encontramos uma situação análoga. O "traficante" é Satanás; a droga, o pecado; o comprador: o casal, Adão e Eva. Na sequência, Deus primeiro despacha o traficante e, logo em seguida, disciplina seus filhos.

O pecado perverteu os papéis de homem e mulher e fraturou a família. Contudo, o que impressiona em Gênesis 3 é o fato de que, mesmo antes de Adão e Eva serem abordados pelo seu pecado, "Deus já está falando em redenção!".[1] À primeira vista, o único versículo que

---
[1] MILLS, *Fundamentos bíblicos para o casamento*, p. 44.

parece dar qualquer raio de esperança é o versículo 15, que promete a destruição da Serpente (Satanás) pela semente da mulher (Jesus). Depois de examinarmos o texto mais cuidadosamente, descobrimos que o capítulo inteiro aponta àquele que é o único Médico capaz de diagnosticar o problema do pecado e receitar o seu remédio. "Se alguém está em Cristo, é nova criatura!" (2Coríntios 5:17).

A primeira evidência da graça de Deus depois do pecado foi o fato de que Deus interrogou o casal em vez de matá-los. Deus oferece uma oportunidade de confissão visando à restauração. No entanto, essa gota de promessa se transforma em ondas de graça com a vinda da Semente da mulher, Jesus, como disse o Apóstolo João: "E o Verbo se fez carne, e habitou entre nós, cheio de graça e de verdade, e vimos a sua glória, glória como do unigênito do Pai... porque todos nós temos recebido da sua plenitude, e *graça sobre graça*" (João 1:14, 16).

Como mulheres, precisamos viver a realidade de que "onde abundou o pecado, superabundou a graça" (Romanos 5:20). Vamos examinar como a graça de Deus triunfa sobre o pecado do homem.

1. A PROMESSA: A DESTRUIÇÃO DA SERPENTE (GÊNESIS 3:14,15)

> Então o Senhor Deus disse à serpente: Visto que isso fizeste, maldita és entre todos os animais domésticos, e o és entre todos os animais selváticos: rastejarás sobre o teu ventre, e comerás pó todos os dias da tua vida. Porei inimizade entre ti e a mulher, entre a tua descendência e o seu descendente. Este te ferirá a cabeça, e tu lhe ferirás o calcanhar (Gênesis 3:14,15).

O oráculo da maldição começa no versículo 14 e continua até o versículo 19, embora tecnicamente as únicas "maldições" no texto sejam contra a Serpente (14) e a terra (17) — *não* contra o homem e a mulher. O casal foi *disciplinado, não amaldiçoado*. O texto bíblico enfatiza a redenção e a multiplicação da bênção. Essa distinção é importante, pois mais tarde, no texto, Deus toma a maldição do pecado sobre si mesmo, na pessoa de seu Filho: "Cristo nos resgatou da maldição da lei, fazendo-se ele próprio maldição em nosso lugar, porque está escrito: Maldito todo aquele que for pendurado em madeiro" (Gálatas 3:13).

Essa é a razão por que Adão e Eva não morreram (fisicamente) logo após o pecado. O plano divino antes da fundação do mundo era de sacrificar seu próprio Filho em resgate de muitos. A primeira coisa que Deus fez foi dar esperança a todos nós quando pronunciou julgamento contra a Serpente, identificada como Satanás em Apocalipse 12:9.

Após dar a Adão e Eva uma chance de se explicarem e confessarem seu pecado, Deus amaldiçoou a Serpente. Diferentemente da interrogação que fez com o homem e a mulher, não há nenhum diálogo com a Serpente visando ao arrependimento. Deus simplesmente anunciou o castigo dela.

Podemos parafrasear as palavras de Deus para Satanás:

"Coma poeira!"
"A luta começou!"
"Você vai perder!"

Pode ser que Deus tenha julgado a serpente primeiro para que Adão e Eva entendessem o quanto Ele os amava e para que tivessem um lampejo de seu plano maravilhoso. Deus queria que eles tivessem esperança.

O versículo 15 anuncia um julgamento que vai muito além da Serpente como animal, pois fala da destruição garantida de Satanás. Algum dia, a semente (singular) da mulher iria esmagar a cabeça de Satanás. Na cruz, Jesus efetivamente selou o destino do inimigo, embora Ele mesmo fosse brutalmente castigado.

Encontramos aqui o que é conhecido como o *proto evangelium*, a primeira promessa das boas novas do Evangelho. Normalmente a "semente" vem do homem, mas aqui a semente é da mulher, talvez o primeiro vislumbre nas Escrituras do nascimento virginal de Cristo (veja Hebreus 2:13; Isaías 53:10; Romanos 16:20; 1Pedro 1:19,20). Jesus é "o descendente", prometido desde o Jardim, que tomou sobre si a sentença do nosso pecado, mas deu um golpe fatal na Morte. A Morte morreu em Cristo. A maldição caiu sobre aquele que foi pendurado no madeiro, apesar de Ele mesmo jamais ter pecado. E assim, foi Ele, o Deus-Homem, que iria sentir as maiores consequências do nosso pecado. Ele mesmo suportaria o que nós merecíamos — a morte e a eterna separação do Pai.

> **PARA REFLETIR E COMPARTILHAR**
>
> Como você responde à afirmação "Deus me ama demais para me disciplinar ou me deixar triste"? (Veja Hebreus 12:5-11).
>
> Por que é importante ressaltar que as boas novas do Evangelho começam com as más notícias do julgamento divino contra o pecado para depois apresentar as boas novas? Como isso afeta nosso evangelismo, inclusive dos nossos próprios filhos?

2. O CASTIGO: LEMBRANÇA DA NECESSIDADE DIÁRIA (GÊNESIS 3: 16-20)

O amor de Deus manifesta-se em sua disciplina do pecado, por meio de lembranças diárias que Ele teceu no pano do universo e da nossa existência com respeito à natureza pecaminosa e à nossa necessidade dele. Hebreus, citando Provérbios, diz que Deus nos disciplina como bom Pai (Hebreus 12:5-11; Provérbios 3:11,12). O que alguns consideram uma "maldição" é disciplina que faz parte da cura! *A cura do pecado começa quando reconhecemos nossa necessidade do Médico e do seu remédio!* Nunca chegaremos à cruz de Cristo até que compreendamos o estado devastador em que nos encontramos (Hebreus 4:12-16)!

Há graça em toda essa história e em toda disciplina bíblica. Se Deus tivesse se mantido distante ou indiferente diante do nosso pecado, poderia ter fulminado o casal ou simplesmente abandonado os dois para a miséria do pecado deles. Contudo, não foi o que Ele fez. Ele interveio. Deus providenciou lembranças constantes de que o mundo não é como deveria ser. Por isso precisamos dele. O primeiro passo para a salvação é o conhecimento da necessidade do coração! Esse é um esboço do Evangelho, que sempre começa com as más notícias que nos levam até as boas. Por isso o livro de Romanos começa com a condenação de todos (Romanos 1:18-3:20) para depois revelar as boas novas da salvação em Cristo (Romanos 3:21ss).

Agora veremos como a disciplina divina ministrou graça na vida do casal. Quatro esferas de disciplina nos lembram o quanto precisamos dele para reverter os efeitos da queda em nossa vida.

A. Dor na criação de filhos (v. 16a)

> E à mulher disse: Multiplicarei sobremodo os sofrimentos da tua gravidez; em meio de dores darás à luz filhos... (Gênesis 3:16a).

A palavra "multiplicarei" é significativa. A primeira vez que a encontramos foi na "Grande Comissão" de Gênesis 1:28: "Sede fecundos, *multiplicai*-vos e enchei a terra. Deus fez o ser humano para *reproduzir* sua imagem em novos adoradores que iriam estender o seu domínio até os confins da Terra. Então, a disciplina mostra como o pecado deu um golpe nesse propósito para a família.

Há poucas coisas na vida que nos lembram tanto da nossa necessidade de um Salvador mais do que a criação de filhos. Filhos são um reflexo dos nossos corações, do nosso egoísmo, da nossa cobiça, da nossa desobediência. Desde Gênesis 3, os filhos nascem com estultícia (pecado) no coração (Provérbios 22:15), distantes do Criador, carentes de um resgate espiritual.

Essa primeira disciplina parece que recai especialmente sobre as mulheres, pois trata de uma esfera de atuação particular delas. Mesmo que o pai seja o principal responsável pelo andamento do lar (Efésios 6:4), muitas das responsabilidades que Deus delega à mulher giram em torno da casa. Desde a gravidez, passando pelo parto e durante toda a vida, a mamãe sente a dor dos filhos.

Em vez de reproduzir imagens nítidas de Deus como fruto da sua união, o casal agora introduzirá pecadores em quem a imagem de Deus ficou distorcida. A palavra "multiplicar" tragicamente aparecerá uma terceira vez um pouco mais adiante, em Gênesis 6, mas com tons sombrios: "Como se foram *multiplicando* os homens na terra... viu o Senhor que a maldade do homem se havia *multiplicado* na terra, e que era continuamente mau todo desígnio do seu coração" (6:1,5).[2]

---

[2] Deus queria que a família refletisse sua imagem e expandisse seu Reino por meio do serviço mútuo e complementar; mas a Queda complicou demais a tarefa. Mesmo

A primeira família experimentou as consequências catastróficas do pecado e do desfiguramento da imagem de Deus. No próximo capítulo de Gênesis, mamãe Eva e papai Adão irão experimentar a "multiplicidade da dor" associada à criação de filhos, quando o primogênito Caim mata seu próprio irmão.[3] Em um só dia os pais perderam seus dois filhos. Um assassinado pelo outro, que virou fugitivo na Terra. Caim destruiu a imagem de Deus em seu próprio irmão quando matou Abel (Gênesis 4:8).

Daquele ponto em diante, as Escrituras sutilmente sublinham a nossa dificuldade em cumprir a "Grande Comissão". Procuramos em vão por exemplos de "famílias perfeitas" na história sagrada. Noé, Abraão, Moisés, Jacó, Eli, Samuel, Davi e Salomão são somente alguns dos "heróis" bíblicos cujos lares foram marcados por rebeldia, intriga, imoralidade e indisciplina — lembranças vívidas da necessidade que o homem tem da graça de Deus.

A família hoje precisa buscar a redenção e a restauração da imagem de Deus para poder perpetuar um legado piedoso na Terra. Deus queria que o reflexo da sua imagem e a expansão do seu Reino pelo mundo fossem multiplicados pelos pais por meio dos filhos. As exortações sobre a paternidade que seguem nas Escrituras enfatizam o processo de resgate da imagem e a formação espiritual dos filhos. De acordo com vários textos (Deuteronômio 6:4-9; Salmos 78:1-8; Efésios 6:4 e Colossenses 3:21), os pais têm a responsabilidade dada por Deus de transmitir sua fé pelo discipulado e pela disciplina dos filhos.

A primeira responsabilidade dos pais é levar a criança à conversão pelo reconhecimento da miséria do seu coração até à provisão da graça de Deus na cruz e ressurreição de Cristo. Os pais precisam conduzir seus filhos em direção à imagem de Cristo (Romanos 8:29, 2Coríntios 3:18, Filipenses 1:6).

---

assim, o mandato para multiplicar e encher a Terra foi repetido depois da Queda para Noé em Gênesis 9:7.

[3] Note quantas vezes "teu irmão" é repetido no texto.

> **PARA REFLETIR E COMPARTILHAR**
>
> Em que sentido a disciplina é sinal de amor? Como Deus demonstrou seu amor e sua graça para Adão e Eva logo depois do seu pecado?
>
> Se encararmos nossas lutas na vida (no lar, na criação dos filhos, no trabalho) pela ótica de disciplinas divinas que nos lembram da nossa necessidade de um Redentor, como isso pode melhorar nossa perspectiva?

B. Conflito conjugal (v. 16b)

O teu desejo será para o teu marido, e ele te governará (Gênesis 3:16b).

O percurso do pecado já desencadeou uma reversão de papéis na hierarquia funcional familiar. Seus efeitos desastrosos foram carimbados por Deus como parte do castigo pelo pecado e têm suas sequelas até hoje. Já vimos o início do conflito conjugal quando Adão fez o "jogo do Diabo" e culpou sua mulher. Agora, Deus anuncia que, a partir daquele momento, haveria uma concorrência entre homem e mulher em vez de contentamento e realização dentro dos respectivos papéis que Deus lhes determinou na criação.

O Éden começou com uma perfeita complementação mútua entre homem e mulher, com igualdade no ser e diferença no fazer, em que o homem assumiria normalmente o papel de líder amoroso e a mulher o de auxiliadora idônea. Tudo isso mudou em Gênesis 3:16. Percebemos que o primeiro propósito pelo qual Deus criara o casal também foi atingido em cheio. *Refletir* a imagem de Deus pela unidade em diversidade agora virou competição e conflito.

Para compreender o significado da frase "teu desejo será para (ou *contra*) teu marido, mas ele te governará", precisamos compará-la à expressão quase idêntica usada por Deus em sua advertência para Caim no capítulo seguinte: "Seu desejo [falando do pecado] será contra ti, mas a ti cumpre dominá-lo". Os mesmos vocábulos hebraicos aparecem em Gênesis 4:7 se referindo ao pecado que jazia à porta de Caim e cujo desejo era para (contra) ele, mas que cabia a Caim *dominar* o pecado. Em outras palavras, Deus prevê uma nova luta entre homem e mulher como resultado da Queda, caracterizada por *competição*, e não mais por *complementação*: A mulher iria resistir a liderança do seu marido, e ele, por sua vez, iria oprimi-la.

Não é como as coisas *devem* ser, mas, sim, como *serão*, tudo isto por causa do pecado. Essa é mais uma lembrança de que homens e mulheres precisam desesperadamente da intervenção divina para redimir e restaurar a família. Resumindo, Deus estabelece a *lex talionis* (a lei de retaliação) em que os eventos que levaram à Queda a partir de então caracterizariam a história humana. Feminismo (a mulher usurpando o papel do homem de liderar) e machismo (o homem deixando de proteger a mulher, mas oprimindo-a) entraram para valer na história da humanidade.

PARA REFLETIR E COMPARTILHAR

Quais as evidências de machismo e feminismo no mundo hoje que refletem o que aconteceu na Queda e a disciplina que Deus decretou sobre o homem e a mulher? Como podemos lutar contra essa "guerra entre os sexos"?

Enquanto mulheres, como podemos superar a tendência (resultado da Queda) de tentar controlar o marido e resistir à liderança dele no lar?

C. Trabalho doloroso (17-19a)

E a Adão disse: Visto que atendeste a voz de tua mulher, e comeste da árvore que eu te ordenara não comesses: maldita é a terra por tua causa; em fadigas obterás dela o sustento durante os dias de tua vida. Ela produzirá também cardos e abrolhos, e tu comerás a erva do campo. No suor do rosto comerás o teu pão... (Gênesis 3:17-19a).

Além de tudo isso, o trabalho outrora frutífero e realizador, agora fornecerá uma lembrança dura de que o pecado estragou tudo. O governador da Terra que se rebelou contra seu Criador agora sofrerá diante da rebeldia da Terra contra seu governador.

Cabe mais uma observação de algo no texto que muitas vezes passa despercebido. Ao abordar o homem pela culpa do seu pecado, Deus primeiro diz: "Visto que atendeste a voz de tua mulher". Somente depois disso é que Deus fala: "e comeste da árvore que eu te ordenara não comestes" (Gênesis 3:17). Sem tentar decifrar qual foi o primeiro pecado "oficial", no mínimo podemos dizer que Deus levou muito a sério o fato de Adão ter abandonado seu papel como líder do lar e guardião do Jardim e da Palavra do Senhor. Nisto reconhecemos o potencial que a mulher tem tanto para o bem como para o mal: "A mulher sábia edifica a sua casa, mas a insensata com as próprias mãos, a derriba" (Provérbios 14:1).

D. Morte (19b).

> Até que tornes à terra, pois dela foste formado: porque tu és pó e ao pó tornarás (Gênesis 3:19b).

A morte também nos lembra da nossa necessidade de um Salvador. Na luta pela sobrevivência contra a terra rebelde, no fim, a terra ganha. Somos sugados de volta para o pó da terra, que é comida para a Serpente (Gênesis 3:14).

Quando reparamos no estrago feito pelo pecado, principalmente em relação aos propósitos para os quais Deus fez a raça humana em geral e a família em particular, parece que tudo estava perdido. Somente a semente da mulher, o Filho do homem, Jesus, será capaz de absorver o aguilhão doloroso chamado Morte para nos livrar da lei do pecado e da morte (Romanos 8:2): "Onde está, ó morte, a tua vitória? Onde está, ó morte, o teu aguilhão? O aguilhão da morte é o pecado, e a força do pecado é a lei. Graças a Deus que nos dá a vitória por intermédio de nosso Senhor Jesus Cristo" (1Coríntios 15:55-57).

O medo da morte que cativou todos os homens desde Gênesis 3:19 foi vencido em Cristo:

> Jesus, por causa do sofrimento da morte, foi coroado de glória e de honra, para que, pela graça de Deus, provasse a morte por todo

homem... Visto, pois, que os filhos têm participação comum de carne e sangue, destes também ele, igualmente, participou, para que, por sua morte, destruísse aquele que tem o poder da morte, a saber, o diabo, e livrasse a todos que, pelo pavor da morte, estavam sujeitos à escravidão por toda a vida (Hebreus 2:9, 14,15).

Em cada aspecto das nossas vidas — no lar, no relacionamento marido-esposa, na criação dos filhos, no trabalho, na morte — somos lembrados do nosso pecado — não para nos condenar, mas para nos alertar sobre o verdadeiro estado do nosso coração e sobre a nossa necessidade da Semente da mulher. Note mais uma vez como o princípio de *lex talionis* — que colhemos o que semeamos — permeia o texto:

- Pecamos comendo, agora sofreremos para comer.
- O homem seguiu a liderança da mulher passivamente até o pecado; agora ela tentará liderá-lo ativamente.
- O pecado desfigurou a imagem de Deus em seus filhos; agora sofrerão a dor causada pelos filhos pecaminosos.
- O pecado dele trouxe trabalho doloroso para toda a criação, que geme; agora, ele gemerá no trabalho doloroso.
- A Serpente destruiu a raça humana com o veneno do pecado; agora a Serpente será destruída pela Semente da mulher.

A disciplina nos lembra de que precisamos de alguém, a Semente da mulher, para cancelar nossa dívida, a qual somos incapazes de pagar. Sem Ele, estamos perdidos.

PARA REFLETIR E COMPARTILHAR

Como a disciplina atingiu cada um dos três propósitos pelos quais Deus criou o homem (refletir, reproduzir e representar a glória de Deus)? Como podemos resgatar o que foi perdido no Jardim?

> Como mulher, onde você tem sentido o peso do pecado e da sua disciplina nas áreas destacadas por Deus: na educação dos filhos? No relacionamento conjugal? No trabalho? Na doença e na morte?

3. A RESPOSTA DE ADÃO: FÉ (GÊNESIS 3:20)

> E deu o homem o nome de Eva a sua mulher, por ser a mãe de todos os seres humanos (Gênesis 3:20).

Nesta altura do texto o inesperado acontece. Incrivelmente, Adão responde à declaração de disciplina com uma afirmação que revela como ele encarava o castigo divino. Em vez de continuar em sua rebeldia, parece que Adão se curva diante da disciplina divina.

Logo após a profecia do seu próprio óbito e a morte de todos da raça humana, Adão faz uma declaração que indica que ele entende que Deus acabara de lhe oferecer *vida*. Parece que Adão agarrou-se à promessa de Gênesis 3:15, de que uma semente da mulher, Eva, seria seu próprio Redentor.

Neste momento Adão exerce mais uma vez sua prerrogativa de vice-regente, dando nome novamente à mulher (3:20; leia 2:23 "chamar-se-á varoa, porquanto do varão foi tomada"). E pela segunda vez Adão usa um jogo de palavras para caracterizar o que a mulher significava para ele.

À luz do decreto de morte no versículo 19, Adão poderia ter chamado sua esposa de "Mortícia". Contudo, em vez de focar-se no fato inevitável da morte, ele lhe deu o nome de "Eva", que no hebraico traz a ideia de "vida". Assim ele revela sua esperança de que a Semente dela traria o antídoto do veneno do pecado. A explicação dada no texto deixa isso ainda mais claro: "Por ser a mãe de todos os seres humanos". Fica difícil perceber em português o jogo de palavras que Adão usa para justificar o nome "Vida" (Eva) para a esposa. Três das próximas cinco palavras depois da palavra "Eva" usam consoantes da palavra "Eva" no hebraico que reforçam muito a ideia de "vida", como se o texto gritasse, "vida, vida, vida!" Cada vez que Adão chamasse "Eva", ele seria lembrado da esperança da *vida*!

Você já abraçou, pela fé, o sacrifício de Jesus na cruz e sua ressurreição da morte como a provisão do *seu* perdão dos pecados? As boas novas do Evangelho começam com as más notícias de que "todos pecaram, e carecem da glória de Deus" (Romanos 3:23). Deus fez, entretanto, o que nós nunca poderíamos fazer quando entregou seu Filho amado, sem pecado, para absorver a justa ira de Deus contra o nosso pecado (Romanos 5:8; João 3:16). Sua morte de cruz estendeu a possibilidade de perdão para todos aqueles que o aceitam pela fé (João 1:12). Sua ressurreição deixou claro que nenhum pecado ficou para prendê-lo no túmulo e que agora sua vida está disponível para nós (1Coríntios 15:1-4). Quando nos arrependemos ("mudamos de mente") sobre nosso pecado e nossas tentativas fúteis de ganhar a salvação pelos nossos méritos e confiamos única e exclusivamente somente em Cristo para nossa salvação, nascemos de novo (Efésios 2:8,9; João 3:3). Não há mais condenação para nós, por estarmos agora "em Cristo" (Romanos 8:1). Esse novo nascimento muda tudo em nossa vida, mas as boas obras vêm *depois* de nascermos de novo, não como condição dele (2Coríntios 5:17; Efésios 2:8-10).

> **PARA REFLETIR E COMPARTILHAR**
>
> Se você nunca confiou em Cristo, essa é a decisão mais importante da sua vida e pode acontecer agora mesmo. Se não sabe como fazer isso, peça que uma amiga lhe ajude. Há algo que você ainda não entende sobre essa boa nova do Evangelho?
>
> Se você já é "nascido de novo", você consegue explicar o Evangelho de forma clara e objetiva para outras pessoas? Você faz isso?

4. A PROVISÃO DE DEUS: SACRIFÍCIO (GÊNESIS 3:21-24)

A religiosidade humana foi um fracasso total. O ser humano não conseguiu religar-se a Deus. Deus tinha de tomar a iniciativa. E foi o que Ele fez.

A. Sacrifício (21)

> Fez o S͎͎͎͎͎ Deus vestimenta de peles para Adão e sua mulher, e os vestiu (Gênesis 3:21).

Mais uma vez encontramos palavras de esperança. Nesse ponto, Deus intervém e faz roupas para cobrir a nudez do casal. As folhas de figueira deles foram tristemente inadequadas num mundo marcado pelo pecado. Contudo, para que a nudez fosse coberta de uma vez por todas, a morte era necessária. Alguns animais precisavam morrer e seu sangue derramado para cobrir a vergonha. Isso constitui uma "prévia" do que Jesus faria por nós na cruz: "Sem derramamento de sangue não há remissão do pecado" (Hebreus 9:22). Somente Deus pode nos vestir com sua própria justiça pelos méritos de Jesus (2Coríntios 5:21; veja Zacarias 3:1-5).

Você notou o simbolismo aqui? Sentiu o vento de esperança? Sozinhas, jamais teríamos esperança de endireitar nossos relacionamentos. Nossas "folhas de figueira" são totalmente inadequadas; mas Jesus — o Cordeiro de Deus — prontifica-se a cobrir nosso pecado e nos vestir com sua retidão. O paraíso foi perdido. No entanto, por intermédio de Jesus Cristo — e somente por meio dele — o paraíso pode ser restaurado.[4]

B. A "sentença": resgate do "inferno sobre a terra" (3:22-24)

> Então disse o Senhor Deus: Eis que o homem se tornou como um de nós, conhecedor do bem e do mal; assim, para que não estenda a mão, e tome também da árvore da vida, e coma, e viva eternamente, o Senhor Deus, por isso, o lançou fora do jardim do Éden, a fim de lavrar a terra de que fora tomado. E, expulso o homem, colocou querubins ao oriente do jardim do Éden, e o refulgir de uma espada que se revolvia, para guardar o caminho da árvore da vida (Gênesis 3:22-24).

O capítulo fecha com mais uma demonstração da incrível graça de Deus. Pelo fato de que o homem e sua esposa agora vivem num estado de imperfeição moral como pecadores, há novo perigo. A árvore da vida, também no Jardim, representava uma ameaça enorme para a humanidade. Deus barra o caminho para a árvore "para que [o homem] não

---

[4] KASSIAN; DEMOSS. *Design divino*, p. 135.

estenda a mão, e tome também da árvore da vida, e coma *e viva eternamente...*" (3:22).

Qual seria o perigo de comer da árvore da vida e viver eternamente? É possível que, se o casal fosse comer daquela árvore, iria selar seu destino e presumivelmente o destino dos seus descendentes, no estado de eternos pecadores, afastados da presença de Deus. Eles seriam condenados a viver para sempre como pecadores imortais — como mortos ambulantes, um inferno vivo de eterna separação da presença de Deus. E pode ser que Deus impediu o acesso à árvore da vida justamente para garantir que seu próprio Filho fosse mortal e um dia pudesse morrer pelos nossos pecados.

Por isso Deus barra o caminho para a árvore da vida, para o bem do casal — e de todos nós. E ao barrar o acesso da humanidade à árvore da vida, Deus abriu o caminho para seu Filho até o Calvário e à árvore da morte, chamada Cruz. A árvore da morte para Adão e Eva, e toda a humanidade, se transformou em uma árvore de vida na cruz de Cristo, onde nossos pecados foram pregados. Porque Ele morreu, nós podemos viver para sempre.

Para refletir e compartilhar

Depois de estudar o plano de Deus para a raça humana (e para a mulher), você consegue traçar aquele plano desde a criação pela queda e restauração?

Quais as áreas da sua vida em que Deus ainda quer trabalhar para reverter os efeitos da Queda? Para começar, pense na lista de pecados que segue. Em relação a qual desses pecados sua luta é maior? Como a graça de Deus é capaz de ajudá-la a vencer esse pecado?

- Ira
- Cobiça
- Orgulho
- Egoísmo
- Inveja
- Mágoas
- Sensualidade
- Pensamentos maus

- Mentira
- Indisciplina
- Impaciência
- Fofoca

CONCLUSÃO

As nuvens de desespero do Jardim do Éden viraram raios de esperança no Jardim do Getsêmani. Jesus Cristo recebeu o cálice da morte do seu próprio Pai, para depois dar um golpe fatal na Maldição. Sua morte e ressurreição marcaram o começo do fim para as consequências do pecado. Jesus Cristo, a imagem de Deus Pai, um homem perfeito, vestiu-se em carne humana para resgatar o homem (João 1:14). Esse é o maior milagre da história — o milagre do Calvário: "Se alguém está em Cristo, é nova criatura; as coisas antigas já passaram; eis que se fizeram novas" (2Coríntios 5:17).

Há possibilidade de reconstruir relacionamentos familiares, por causa da obra redentora de Cristo Jesus. Embora algumas consequências do pecado permaneçam, mesmo depois de alguém crer em Jesus como seu Salvador pessoal, Deus oferece uma nova vida em Cristo. Assim como os efeitos da Queda distorceram a imagem de Deus na família, a restauração em Cristo é capaz de reverter o quadro para o ideal bíblico.

Um dia, nós que estamos "em Cristo" voltaremos ao Paraíso. Um dia, comeremos da árvore da vida e seremos para sempre selados na posição de filhos de Deus, vestidos somente pela justiça de Cristo. Naquele dia não haverá mais maldição, nem morte, nem consequências do pecado a não ser as marcas dos pregos nas mãos de Jesus. Andaremos com Deus novamente na cidade-jardim do novo mundo. A Deus demos glória! (Apocalipse 22:1-5).

A GRANDE IDEIA

Na família, no nosso trabalho, na vida e na morte descobrimos nossa necessidade constante de um Redentor.

5 Mulheres que dependem de Jesus

Ricardo Hoyt nasceu com paralisia cerebral. De imediato os médicos encorajaram seus pais a colocá-lo em uma instituição, esquecer dele e tocarem a vida, pois diziam que ele nunca iria se desenvolver. No entanto, ao observarem o seu filho, os pais viram que ele os seguia com os olhos, então brotou uma esperança de conseguirem um dia se comunicarem com ele. Decidiram tentar tratá-lo como uma criança comum o máximo possível.

Quando Ricardo completou onze anos de vida, adquiriram um computador especial que possibilitou sua comunicação e logo perceberam que ele era muito inteligente. Então ele passou a frequentar a escola pública.

Ricardo conseguiu se formar da Universidade de Boston com a especialização em educação especial.

Começou a trabalhar no laboratório para desenvolver sistemas de computador para ajudar outras pessoas com deficiências a conseguirem se comunicar.

Em 1977, quando ainda tinha 15 anos, Ricardo perguntou ao pai se poderiam "correr" juntos em uma corrida que iria beneficiar um atleta de sua escola que ficou paralisado. Na corrida, o pai empurrava o filho em uma cadeira de rodas. Ele queria provar que a vida continua independentemente de uma possível incapacitação. O seu pai, um Tenente Coronel aposentado com seus 36 anos, não era corredor, mas aceitou o desafio. Depois da sua primeira corrida o Ricardo disse, "Pai, quando estou correndo parece que não tenho nenhuma deficiência!". Depois disso, o pai dele começou a treinar.

Até o ano de 2016, o Time Hoyt havia competido em 1.130 eventos de resistência, incluindo 72 maratonas (42 quilômetros corridos) e 6 Triatlos Homem de Ferro (3,86 quilômetros a nado, 180 quilômetros de bicicleta e 42 quilômetros corridos). Correram na Maratona de Boston 32 vezes. Também correram e andaram de bicicleta, atravessando os Estados Unidos (6.011 quilômetros) em 45 dias. Quando participavam de triatlos, Ricardo se sentava num barco com a corda amarrada no peito do pai que nadava puxando o barco. Para o trecho de bicicleta fabricaram uma bicicleta especial em que ele ficava assentado na frente.

Em 2008 ambos foram empossados no Hall of Fame do Homem de Ferro; em 2013 uma estátua de bronze em honra dos dois foi dedicado perto do local de início da Maratona de Boston.

Por si só, Ricardo não tinha nenhuma chance de competir em qualquer prova atlética, mas ele decidiu depender do pai dele e os dois impactaram muitas pessoas. Sua vida serve de ilustração do que Jesus falou para nós: "Sem mim, nada podeis fazer" (João 15:5).

Muita gente concorda que sem Jesus nada podemos fazer. Mas, na realidade vivemos pensando: "Sem Jesus um *pouco* eu posso fazer", ou "algumas coisas consigo fazer!". Não temos problema com a frase "convém que Ele cresça", apenas queremos acrescentar, "e que eu cresça junto com Ele"! Contudo, nosso lema deve ser como disse João Batista — convém que Ele cresça e que eu diminua.

Quando olhamos para a vida de Jesus, descobrimos que:

1. Jesus viveu uma vida totalmente dependente do Pai.

Lembramos de muitos momentos em que Jesus se afastava de todos para passar longos momentos em oração. Uma dessas ocasiões foi antes de escolher seus 12 discípulos. Lucas 6:12 nos diz: "Naqueles dias, retirou-se para o monte, a fim de orar, e passou a noite orando a Deus". Na manhã seguinte, Ele escolheu os seus seguidores mais próximos.

2. Jesus diz que precisamos depender dele.

> Eu sou a videira verdadeira, e meu Pai é o agricultor. Todo ramo que, estando em mim, não der fruto, ele o corta; e todo o que dá fruto limpa, para que produza mais fruto ainda. Vós já estais limpos pela palavra que vos tenho falado; permanecei em mim, e eu permanecerei em vós. Como não pode o ramo produzir fruto de si mesmo, se não permanecer na videira, assim, nem vós o podeis dar, se não permanecerdes em mim. Eu sou a videira, vós, os ramos. Quem permanece em mim, e eu, nele, esse dá muito fruto; porque sem mim nada podeis fazer (João 15:1-5).

Muitos conhecem o pé de jabuticaba. Como é interessante ver a fruta deliciosa crescendo diretamente no tronco e nos galhos. Na casa do nosso filho tem muitos pés de jabuticaba que todo ano ficam carregados. Vamos supor que eu não queira o trabalho de ir até lá, subir no pé e colher as frutas. Seria muito mais cômodo eu arrancar um galho, levar para minha casa e colher o fruto lá, mas não funciona assim! Se eu tirar o galho do pé, ele murchará e secará. Com certeza não produzirá mais frutos tão gostosos. Para continuar frutificando, o galho precisa permanecer conectado ao tronco.

No entanto, por alguma razão, achamos que poderemos produzir "frutos" para o Reino de Deus em nossa própria força, sem depender da videira. Até dependemos dele em momentos de grandes desafios e dificuldades, pois sabemos que não temos força, sabedoria ou capacidade para resolver o problema. E nos acontecimentos corriqueiros da vida, agimos como se não precisássemos de ajuda.

> **PARA REFLETIR E COMPARTILHAR**
>
> A ilustração da videira chama a sua atenção? Você se vê conectada na videira? Em que área ou áreas você luta mais com o espírito independente?
>
> Como você reage diante da frase "sem mim, nada podeis fazer"? Isso fere o seu orgulho? Revela alguma área de fraqueza em sua vida?

Vamos refletir sobre três áreas específicas em que normalmente não dependemos tanto de Jesus: nos pensamentos, nas palavras e na prática.

1. Dependência nos pensamentos

É muito fácil achar que os pensamentos são particulares; o que acontece dentro da minha cabeça é da minha conta e não afeta ou machuca ninguém. No entanto, somos advertidas a cuidarmos dos nossos pensamentos.

Estamos constantemente em diálogo conosco mesmas, analisando, interpretando. Eu falo comigo mais do que com qualquer outra pessoa. Será que falo a verdade? Será que os meus pensamentos estão de acordo com o que Deus diz?

Por exemplo, processamos a realidade baseada em nossa identidade. Veja alguns exemplos negativos e positivos:

Negativos:

- Estou com alguns quilos a mais e concluo: sou gorda.
- Tenho um filho desobediente: logo, sou um fracasso como mãe.
- Erro nas contas: devo ser irresponsável como governanta do lar.

Positivo:

- Sou elogiada pela aparência: olha como sou bonita.
- Meu filho se sai bem na escola ou no esporte: sou um sucesso como mãe.
- Conseguimos realizar um sonho financeiro: sou eficiente administradora das finanças.

> **PARA REFLETIR E COMPARTILHAR**
>
> Normalmente você fala a verdade consigo mesma conforme a Bíblia? Em que área você precisa trabalhar um diálogo pessoal que ressalta valores bíblicos de identidade e dependência de Cristo mais do que valores transitórios dessa vida?
>
> Você baseia a sua identidade nas circunstâncias ou no que os outros falam? Como poderia melhorar quanto a isso?

As circunstâncias não ditam quem somos. A nossa identidade não se baseia naquilo que acontece ao nosso redor. Deus nos dá a verdadeira identidade com base em quem somos em Cristo, e precisamos renovar nossos pensamentos conforme essa verdade.

O que a Bíblia diz sobre os pensamentos?

> Finalmente, irmãos, tudo o que for verdadeiro, tudo o que for nobre, tudo o que for correto, tudo o que for puro, tudo o que for amável, tudo o que for de boa fama, se houver algo de excelente ou digno de louvor, pensem nessas coisas (Filipenses 4:8 – NVI).

> E não vos conformeis com este século, mas transformai-vos pela renovação da vossa mente, para que experimenteis qual seja a boa, agradável e perfeita vontade de Deus (Romanos 12:2).

> Portanto, se fostes ressuscitados juntamente com Cristo, buscai as coisas lá do alto, onde Cristo vive, assentado à direita de Deus. Pensai nas coisas lá do alto, não nas que são aqui da terra; porque morrestes, e a vossa vida está oculta juntamente com Cristo, em Deus (Colossenses 3:1-3).

Em 2Coríntios, Paulo defende o próprio ministério. Ele diz que não luta conforme os padrões humanos, mas luta com armas poderosas de Deus para destruir fortalezas. Nesse contexto, ele diz:

> Porque as armas da nossa milícia não são carnais, e sim poderosas em Deus, para destruir fortalezas, anulando nós sofismas e toda

altivez que se levante contra o conhecimento de Deus, e levando cativo todo pensamento à obediência de Cristo (2Coríntios 10:4,5).

Parece que boa parte da nossa luta tem a ver com o controle dos pensamentos. Até na hora de orar é uma luta manter os pensamentos no lugar certo! Como somos tentadas a nos distrair enquanto oramos!

Quando você perceber que está pensando em algo que não edifica ou não agrada a Deus, há uma decisão a tomar: continuar como sempre ou entregar-se a Deus, escolhendo pensar em algo conforme a lista de Filipenses 4:8: tudo o que for verdadeiro, tudo o que for nobre, tudo o que for correto, tudo o que for puro, tudo o que for amável, tudo o que for de boa fama. Deixe Deus tomar conta dos seus pensamentos e viva na dependência dele.

PARA REFLETIR E COMPARTILHAR

Como o controle dos pensamentos poderá nos ajudar na hora da ansiedade, ou quando Satanás quer que acreditemos em uma mentira?

Pense em algumas formas práticas de como renovar a mente e também levar cativo os pensamentos à obediência de Cristo. Por exemplo, você poderia memorizar versículos, cantar músicas de adoração, orar etc?

2. Dependência nas palavras

Pensamos o dia todo, mas outra atividade quase tão constante é o falar. Conversamos muito durante o dia e muitas vezes nos esquecemos da necessidade de dependermos em Deus para usarmos as palavras corretas da forma certa.

Dizem as más línguas que 10 mil pensamentos passam por nossa cabeça, em média, por dia, mas que nós mulheres falamos 20 mil palavras nesse mesmo período. Ou seja, falamos mais do que pensamos!

Você já falou demais em uma conversa e depois se arrependeu? Veja o que Provérbios diz:

> No muito falar não falta transgressão, mas o que modera os lábios
> é prudente (Provérbios 10:19).
>
> Quem guarda a sua boca guarda a sua vida, mas quem fala demais
> acaba se arruinando (Provérbios 13:3 – NVI).

E não é somente a *quantidade* das nossas palavras que é um problema, mas a *qualidade* delas também. Será que suas palavras incendeiam ou apaziguam? Saram ou ferem? Outra vez Provérbios nos desafia:

> A resposta branda desvia o furor, mas a palavra dura suscita a ira.
> (Provérbios 15:1).

Certa vez recebemos como hóspedes em nossa casa um casal de mais idade. O marido tinha a fama de se irritar com uma certa facilidade, mas a esposa era meiga. Em algum momento, ele pediu que ela fizesse algo para ele, mas ela acabou esquecendo. Quando cobrou dela, ela admitiu que não havia feito o que ele pediu. De imediato observamos a ira tomar conta dele, mas antes de ter chance de abrir a sua boca, sua esposa com voz calma disse:

— Meu bem, você me fala tantas coisas maravilhosas durante o dia, que não tenho como lembrar de todas elas!

Na hora, o homem murchou na nossa frente! Ele não tinha como se irar diante de uma resposta dessas!

Falar bem implica pensar bem:

> O justo pensa bem antes de responder, mas a boca dos ímpios jorra
> o mal (Provérbios 15:28 – NVI).

Nossas palavras têm o potencial de ministrar graça ou desgraça, cura ou doença. Para edificar alguém, precisamos ouvir e descobrir qual é a necessidade do outro:

> Não saia da vossa boca nenhuma palavra torpe, e sim unicamente
> a que for boa para edificação, conforme a necessidade, e, assim,
> transmita graça aos que ouvem (Efésios 4:29).

Foi assim com as palavras de Jesus. Imagine como teria sido conversar com Jesus e desfrutar das palavras graciosas que jorravam da boca dele:

> Todos lhe davam testemunho, e se maravilhavam das palavras de graça que lhe saíam dos lábios (Lucas 4:22).

Aqui, somos lembradas de que controlar a língua é impossível em nossa própria força. Se Jesus não domar o coração, será impossível dominarmos a nossa língua:

> Porque todos tropeçamos em muitas coisas. Se alguém não tropeça no falar, é perfeito varão, capaz de refrear também todo o corpo (Tiago 3:2).

Por isso, acima de tudo nosso objetivo deve ser glorificar a Deus pela dependência dele no uso das nossas palavras:

> Se alguém fala, fale de acordo com os oráculos de Deus... para que, em todas as coisas, seja Deus glorificado, por meio de Jesus Cristo, a quem pertence a glória e o domínio pelos séculos dos séculos. Amém! (1Pedro 4:11).

Finalmente, como mulheres devemos clamar a Deus constantemente para que nossas palavras sejam as palavras *dele*:

> As palavras dos meus lábios e o meditar do meu coração sejam agradáveis na tua presença, Senhor, rocha minha e redentor meu! (Salmos 19:14).

Todo dia somos confrontadas por situações que exigem que dependamos do Senhor primeiro nos pensamentos e depois nas palavras. Pense nestes exemplos práticos de momentos em que orações por sabedoria devem ser feitas antes de falarmos:

- Uma amiga que você está aconselhando.
- Uma conversa com alguém que sabe exatamente como irritá-la ou machucá-la.

- Uma confrontação do seu filho adolescente ou jovem.
- O patrão ou colega de trabalho ou escola que sempre acha defeitos em você.

PARA REFLETIR E COMPARTILHAR

Quando você se sente mais tentada a falar algo que não deve?

Você tem mais dificuldade em controlar os pensamentos ou as palavras?

Escolha um dos versículos sobre o uso das palavras a fim de meditar e tentar praticar durante a próxima semana.

---

3. Dependência na prática

Precisamos depender de Deus para pensar e falar da forma que agrada a Ele. Também devemos agir na dependência total do Senhor. Muito do que fazemos durante o dia já virou hábito ao ponto de fazermos sem pensar. Vale lembrarmos que tudo que procede de nós, da nossa própria força, não agrada a Deus. Apenas a vida de Cristo sendo vivida por meio de nós produzirá fruto.

Jesus, mesmo sendo Deus, dependia plenamente do Pai. Em João 5:18, os judeus queriam matar Jesus porque Ele dizia que Deus era o seu próprio Pai.

> Jesus lhes deu esta resposta: "Eu lhes digo verdadeiramente que o Filho não pode fazer nada de si mesmo; só pode fazer o que vê o Pai fazer, porque o que o Pai faz o Filho também faz. Pois o Pai ama ao Filho e lhe mostra tudo o que faz. Sim, para admiração de vocês, ele lhe mostrará obras ainda maiores do que estas" (João 5:19, 20 – NVI).

Outras vezes, Jesus deixou claro que seu objetivo era sempre fazer a vontade do Pai:

> Porque eu desci do céu, não para fazer a minha própria vontade, e sim a vontade daquele que me enviou (João 6:38).

> Todavia é preciso que o mundo saiba que eu amo o Pai e que faço o que meu Pai me ordenou (João 14:31 – NVI).

Jesus pede de nós exatamente o que Ele mesmo fez.

> Se vocês obedecerem aos meus mandamentos, permanecerão no meu amor, assim como tenho obedecido aos mandamentos de meu Pai e em seu amor permaneço. [...] O meu mandamento é este: Amem-se uns aos outros como eu os amei. [...] Este é o meu mandamento: Amem-se uns aos outros (João 15:10, 12, 17 – NVI)

> E tudo o que fizerdes, seja em palavra, seja em ação, fazei-o em nome do Senhor Jesus, dando por ele graças a Deus Pai (Colossenses 3:17).

> Se alguém serve, faça-o com a força que Deus supre... para que em todas as coisas seja Jesus glorificado... (1Pedro 4:11 – NVI).

Quando vivemos na dependência de Jesus, ficamos cada vez mais cientes de que não conseguimos fazer nada na própria força.

Tenho buscado desenvolver o hábito de soltar orações relâmpagos constantemente, seguindo o exemplo que Neemias nos deixou quando era copeiro de um rei pagão. Naquela posição ele corria um risco grande por estar na presença do rei com semblante triste. Certa vez, logo após receber notícias de Jerusalém dizendo que a cidade estava em ruínas, Neemias ficou abatido. Contudo, Deus agiu no coração do rei, que perguntou para Neemias, "O que gostaria de pedir?". Naquele momento, Neemias orou a Deus e então respondeu ao rei. Ele não tinha tempo de fazer um devocional ou uma oração completa. Soltou uma oração relâmpago, pedindo sabedoria, e em seguida respondeu ao rei, que se mostrou favorável a ele.

Pense nestes outros exemplos de orações relâmpagos em situações específicas:

- Deus, me ajude a perdoar...
- Me dê a palavra certa...
- Senhor, preciso da sua sabedoria para ajudar essa pessoa...

- Pai, por favor dá-me discernimento para entender a necessidade do meu filho...
- Segure a minha língua...
- Jesus, ame esta pessoa por meio de mim.

PARA REFLETIR E COMPARTILHAR

Como seria se você realmente dependesse de Deus em tudo que faz? O que mudaria? Como você poderia caminhar nesta direção?

Quais são algumas orações relâmpagos que você já fez? Como desenvolver esse hábito com maior frequência?

CONCLUSÃO

Você se lembra do "Time Hoyt"? Imagine se o Ricardo tentasse "ajudar" o pai enquanto ele corria, nadava ou até andava de bicicleta. Qualquer coisa que tivesse feito teria apenas atrapalhado o desempenho do seu pai. A única coisa que ajudaria era ficar sentado, quietinho, e deixar o pai fazer todo o trabalho. É isso que Deus pede de nós – depender totalmente dele e deixar Ele formar os nossos pensamentos, as nossas palavras e a nossa prática.

A GRANDE IDEIA

Sem Jesus, nada podemos fazer!

6 Mulheres abençoadas para abençoar: a mulher virtuosa[1]

O FILME "ENCANTO" DA DISNEY, conta a história da família Madrigal, que foge do narcotráfico e encontra-se escondida entre as montanhas da Colômbia. Lá, a família vive em uma casa mágica, e cada membro da família (menos uma filha, a Mirabel) recebe um dom especial, uma superforça. Enquanto as habilidades são usadas a bem do vilarejo em que moram, realmente é um "Encanto" e todos prosperam. Contudo, eles não viveriam felizes para sempre. Quando os membros da família se esquecem de que o propósito dos dons era

---

[1] Muito deste estudo foi derivado de três fontes: MCCREESH, Thomas P. "Wisdom as Wife: Proverbs 31:10-31". *In*: ZUCK, Roy B. *Learning from the Sages:* Selected studies on the book of Proverbs. Grand Rapids: Baker Books, 1995; RIGGLE, James R. *Proverbs 31:10-31* – The Virtuous Woman: An Interpretative Key to the Book of Proverbs. Th.M. thesis, Baptist Bible Seminary, Clarks Summit, PA, 1999; e WALTKE, Bruce K. *The Book of Proverbs*. v. 2, Chapters 15-31. Grand Rapids: Wm. B. Eerdmans Publishing Company, 2005.

para abençoar os *outros*, aos poucos as superforças vão minguando. A história só se reverte quando redescobrem que mais importante do que *ter* uma superforça é *usar* as habilidades e os dons que têm para abençoar outros.

A moral da história? Somos abençoadas para abençoar! Essa mensagem tem grande respaldo bíblico, especialmente para nós, mulheres.

Enquanto conversamos sobre o caráter e a conduta da mulher que é parecida com Jesus, precisamos olhar para o que talvez seja o retrato mais completo dessa mulher nas Escrituras: o poema acróstico sobre a mulher virtuosa que encerra o livro de Provérbios (31:10-31).[2]

De todos os textos bíblicos sobre a vida da mulher, essa poesia talvez tenha intimidado mais mulheres do que qualquer outro. Afinal, quem seria capaz de preencher todos os requisitos que descrevem essa pessoa fantástica, que aparentemente nunca dorme e tem suas próprias "superforças"?

Uma primeira observação para acalmar o seu coração: Provérbios 31:10-31 *não descreve um dia típico de segunda-feira boa vida de uma mulher!* Na melhor das hipóteses, resume as características de uma vida inteira de uma mulher sábia e que anda com Deus no dia a dia – uma descrição clássica do que é o "temor do Senhor" (veja Provérbios 31:30). Como diz Carlos Osvaldo Pinto, "Seria injusto exigir aquele padrão de desempenho social de uma jovem mãe de três crianças na primeira infância."[3]

---

[2] Há vários poemas acrósticos nas Escrituras: Salmos 9/10; 25; 34; 111; 112; 119; Lamentações 1; 2; 3; 4. Seus propósitos provavelmente incluem:
• Facilitar a memorização.
• Mostrar o "A a Z" do assunto tratado.
• Recapitular ideias e princípios.

[3] Carlos Osvaldo Pinto, comenta em "Subsídios para uma teologia bíblica da mulher": "O que o texto retrata é a corporificação da sabedoria por meio da imagem da mulher madura, cujos filhos já são ouvidos na comunidade. A mulher que já exerceu seu tremendo papel de engenheira doméstica, facilitadora educacional, administradora e gerente de pessoal, consultora financeira, assistente social voluntária e motivadora do bem e agora aumenta o patrimônio da família com sua criatividade e tino comercial. Não tenho dúvida de que algumas das prescrições de Paulo nas epístolas pastorais foram influenciadas pela "mulher de valor" de Provérbios 31.

A interpretação tradicional do texto enfatiza sua aplicação na vida da mulher que deseja ser "virtuosa". Isso seria coerente com alguns outros textos ao longo do livro que exaltam o valor dessa mulher e a contrasta com a mulher insensata. Com certeza, sua vida outrocêntrica reflete a vida de Cristo – uma vida abençoada, mas que vive para abençoar outros:

> A mulher virtuosa é a coroa do seu marido, mas a que procede vergonhosamente é como podridão nos seus ossos (Provérbios 12:4).
>
> A mulher sábia edifica a sua casa, mas a insensata, com as próprias mãos a derruba (Provérbios 14:1).
>
> O que acha uma esposa acha o bem, e alcançou a benevolência do Senhor (Provérbios 18:22).
>
> A casa e os bens vêm como herança dos pais; mas do Senhor, a esposa prudente (Provérbios 19:14).

Mas essa bela poesia no final do livro também tem uma função maior no propósito de Provérbios como um todo. McCreesh afirma: "Provérbios 31:10-31 junta aos temas principais... uma declaração final que resume o que o livro fala sobre sabedoria sob a imagem de uma mulher diligente, criativa e altruísta".[4]

E por que escrever em forma de acróstico? É fascinante observar que o poema acróstico de Provérbios 31:10-31, com seus 22 versículos (cada versículo começa com uma letra do alfabeto hebraico, em ordem alfabética), resume os 22 capítulos de Provérbios 10-31. Também há muitas repetições verbais e conceituais quando se compara a mulher virtuosa do capítulo 31 e as características da "senhora Sabedoria" dos capítulos 1-9. A mulher virtuosa talvez seja uma a personificação da sabedoria encontrada ao longo do livro.[5] Com isso, o poema resolve a tensão levantada no capítulo 9, em que a prostituta Insensatez e a senhora Sabedoria se

---

[4] MCCREESH. In: ZUCK, Roy B. Learning from the Sages, p. 392.
[5] Tom R. HAWKINS lista vários paralelos verbais entre os dois textos (HAWKINS, "The Wife of Noble Character in Proverbs 31:10-31". In Bibliotheca Sacra 153 (January-March 1996), p. 16. Veja também RIGGLE, Proverbs 31:10-31, p. 33.

colocam à disposição do jovem e apelam para ele — a Sabedoria, para casar-se com ela, e a Insensatez, para ter um caso com ela. A dúvida que paira sobre os capítulos 10 a 31 é, qual das duas mulheres o filho escolheu?[6] No final do livro, só sobrou a mulher virtuosa. Implicitamente, pelo menos, parece que o jovem se casou com ela! "O retrato da Sabedoria convidando aquelas que atendem ao seu chamado e fazerem sua casa com ela no capítulo 9 é completado pelo retrato da mulher acomodada em casa com sua família no capítulo 31".[7]

A vida da mulher fornece uma plataforma perfeita para descrever metaforicamente as características da sabedoria divina. O "dia a dia" da mulher exemplifica bem as variadas facetas da sabedoria divina em ação. Ou seja, a função literária dessa poesia resume boa parte das características da sabedoria desenvolvidas ao longo do livro. Esse "desfecho" do livro de Provérbios serve tanto para recapitular e personificar as características da sabedoria descritas ao longo do livro, como para servir como paradigma das características da sabedoria na vida feminina. O texto personifica esses atributos da sabedoria e os preserva em uma forma memorável por meio do poema acróstico que conclui o livro. A mulher virtuosa representa o ideal ao qual toda mulher deve aspirar imitar, cuja vida "outrocêntrica" emana a sabedoria divina a partir do lar, mas também ilustra para *todos* como as características da sabedoria divina funcionam no dia a dia de qualquer um.

Quais são as características da pessoa sábia com a qual o livro fecha? Além de ter um relacionamento íntimo com Deus (o temor do Senhor – 31:30), ela usa suas bênçãos para abençoar outros. Essa é a vida de Cristo, aquele que "não veio para ser servido, mas para servir e dar a sua vida em resgate por muitos" (Marcos 10:45; veja Filipenses 2:1-11). E essa é a vida que Ele quer viver em e por meio de nós, como disse o Apóstolo Paulo: "Estou crucificado com Cristo; logo, já não sou eu quem vive, mas Cristo vive em mim; e esse viver que, agora, tenho na carne, vivo pela fé no Filho de Deus, que me amou e a si mesmo se entregou por mim" (Gálatas 2:19,20).

---

[6] RIGGLE, *Proverbs 31:10-31*, p. 37.
[7] MCCREESH. In: ZUCK, Roy B. *Learning from the Sages*, p, p. 396.

Vamos descobrir como essa mulher é *abençoada para abençoar* todos ao seu redor, pois encarna os princípios da sabedoria. Ela abençoa o marido, os filhos, o lar e a comunidade, mas ela também recebe sua recompensa por parte daqueles que sua vida tocou. O texto retrata o *valor* dessa mulher (Provérbios 31:10-27) e termina falando do *louvor* dela (31:28-31).

> **PARA REFLETIR E COMPARTILHAR**
>
> Você se sente intimidada pela descrição da mulher virtuosa em Provérbios 31:10-31? O que você deve fazer com esses sentimentos de incapacidade e talvez frustração diante das descrições de uma mulher tão piedosa e habilidosa? (Revise o capítulo anterior para obter boas dicas sobre a nossa dependência do Senhor!)
>
> Sabendo que essa poesia não é somente para mulheres, mas uma personificação dos principais atributos da sabedoria bíblica desenvolvidos ao longo do livro serve de alívio para você? Por que sim ou não? Em que sentido ela descreve a própria vida outrocêntrica de Jesus na vida de uma mulher?

1. Seu valor: A mulher virtuosa é abençoada para abençoar outros (Provérbios 31:10-29)

"Bênção, mãe! Bênção, pai!"

Quantos filhos (e netos!) costumeiramente pedem a bênção dos seus progenitores! É uma maneira bela de cumprir o que a Palavra de Deus ressalta pelo menos nove vezes: "Honra a teu pai e a tua mãe".[8] Mas, então, uma pergunta ainda paira no ar: Por que desejamos tanto ser abençoadas?

Não desejamos a bênção para represar e angariar as bênçãos de Deus ou engordarmos com elas, mas para canalizar essas bênçãos para outros.[9]

---

[8] Êxodo 20:12, Deuteronômio 5:16, (Malaquias 1:6), Mateus 15:4, 19:19, Marcos 7:10, 10:19, Lucas 18:20, Efésios 6:2.

[9] O Salmo 67 apresenta essa verdade da forma mais enfática possível. Onze vezes destaca que somos abençoados para abençoarmos os confins da Terra. Veja também: Gênesis 1:28; 9:1,7 e 12:1-3.

Quando Jesus reina na mulher, quando Ele é o centro da sua vida e da sua família, todos se beneficiam da beleza da sua sabedoria. Essa bênção começa com a família, mas se estende para a igreja e a comunidade. Um exemplo bíblico clássico disso é a vida de Rute, cuja vida digna e piedosa abençoou a todos ao seu redor. Não coincidentemente, na Bíblia hebraica o livro de Rute vem logo após o poema acróstico da mulher virtuosa em Provérbios 31:10-31. Ela é a única outra mulher na Bíblia designada pelo termo "virtuosa" (Rute 3:11).[10]

A. Ela abençoa o marido

A mulher virtuosa é extremamente rara (v. 10) e só faz bem ao marido dela:

> O coração do seu marido confia nela, e não haverá falta de ganho.
> Ela lhe faz bem e não mal, todos os dias da sua vida (Provérbios 31:11,12).

O texto destaca o valor dessa mulher para o marido, que "confia" nela. Nas Escrituras, confiar em *pessoas* normalmente é condenável. A mulher virtuosa é uma exceção à regra. Pelo fato de que ela mesma confia em Deus (30), ela se torna uma pessoa confiável.

O versículo 12 frequentemente enfatiza o bem que ela faz ao marido durante toda a vida. Os próximos versículos detalham mais especificamente *como* ela faz isso. Há uma ênfase nas vantagens econômicas que ela traz para o marido e sua família. Em todos os momentos da vida ela abençoa seu marido.[11]

---

[10] "Sendo o livro seguinte a Provérbios, [na Bíblia hebraica, Rute] apresenta uma mulher que incorpora a descrição da esposa virtuosa mostrada em Provérbios 31. Rute é descrita trabalhando sempre de maneira diligente, sendo notada e elogiada pelos outros. Ela encarna o trabalho moral, central à descrição do justo em Provérbios" (HOUSE, Paul. *Teologia do Antigo Testamento*. São Paulo: Editora Vida, 2005, p. 582, 583, 587.

[11] Notamos repetidas vezes os benefícios econômicos da pessoa sábia no poema da mulher virtuosa:

• Vale mais que finas joias (10,11).
• Trabalha diligentemente com as mãos (13, 18, 27).

A sabedoria traz benefícios financeiros para o lar. Prosperidade não vem como garantia ou promessa, mas uma probabilidade na vida da pessoa sábia. A pessoa que segue o conselho de Provérbios para ser diligente normalmente prospera mais que a pessoa preguiçosa, avarenta, viciada etc.

A esposa prudente também cria condições para que seu marido exerça uma influência maior na comunidade:

> Seu marido é estimado entre os juízes, quando se assenta com os anciãos da terra (Provérbios 31:23).

Pelo fato de ter se casado com alguém tão capaz, o marido da mulher sábia fica menos preocupado com a administração do lar e mais livre para atender às necessidades da comunidade maior. Esse fato faz com que ele mesmo seja estimado ("conhecido" ou "renomado"), como homem sábio (se só pelo fato de ter se casado tão bem!) e capaz de decidir casos na sociedade. Os anciões sentavam-se na entrada das cidades para julgar casos que lhes eram apresentados.

Quando Jesus reina na vida da mulher, os primeiros a se beneficiarem são as pessoas mais próximas dela — sua família (veja Salmos 112). O foco da mulher virtuosa está na edificação de um lar temente a Deus, suprido por Deus (Salmos 127:1-2).

B. Ela abençoa sua casa e seus filhos

A prioridade dessa mulher, assim como destacado em Tito 2:3-5, é o lar. As muitas atividades dela giram em torno da família. "Embora a mulher de caráter nobre seja vista como expandindo seus horizontes além do lar, todos os empreendimentos externos são focalizados na questão

- Economiza nas compras (14).
- Vigia a sua casa (mordomia) (15,27).
- Investe para gerar lucro (16).
- Faz compras com discernimento (16).
- Compadece-se dos pobres (20).
- Faz projetos manuais (21,22).
- Produz bens em casa para venda (24).

maior de suprir as necessidades da sua família, enquanto a renda extra que gera vem de atividades centradas no lar como base".[12]

> É como o navio mercante; de longe traz o seu pão. É ainda noite, e já se levanta, e dá mantimento à sua casa e a tarefa às suas servas (Provérbios 31:14,15).

A bênção dessa mulher se estende à casa toda. Ela produz roupas com diligência e excelência para a família (v. 13). Serve somente o melhor para os seus (v. 14,15).

A comparação com "navios mercantes" sugere que ela é prudente, planejada, diligente e criteriosa nas compras que faz, sempre visando suprir sua família com o melhor.

A produção de roupa de qualidade possibilita a compra do que tem de melhor no mercado para sua família.

O versículo 15 diz que ela não mede esforços no cuidado da sua casa. Ela é como uma leoa que sai à caça para trazer alimento ("presa") para casa. Mais uma vez, sua diligência, força e preparação estão em vista. Ela também sabe delegar, distribuindo o serviço da casa às servas.

Seu trabalho diligente abençoa toda a casa:

> Examina uma propriedade e adquire-a; planta uma vinha com as rendas do seu trabalho. Cinge os lombos de força e fortalece os braços. Ela percebe que o seu ganho é bom; a sua lâmpada não se apaga de noite (Provérbios 31:16-18).

Depois de considerar todos os ângulos do "negócio", executa o plano com coragem, provavelmente usando a renda que recebeu pela produção de roupas. E tem mais! Ela trabalha a terra com as próprias mãos, provavelmente supervisionando a remoção de pedras, o cultivo do campo e o plantio de uvas (16). Ela se prepara para "dar duro" ("cinge os lombos" — veja 1Reis 18:46; 2Reis 4:29; Êxodo 12:11 – e "fortalece os braços"), mostrando que não está acima do trabalho manual (17).

---

[12] HAWKINS, "The Wife of Noble Character in Proverbs 31:10-31", p. 22.

Como resultado, ela percebe claramente que o fruto do seu esforço vale a pena. O saldo é positivo e traz o bem (veja v. 10) para sua família (18).

"Sua lâmpada não se apaga de noite" não significa que ela nunca dorme (veja Salmos 127:2), mas que a prosperidade dela é contínua (13:9; 20:20; 24:20). Nunca falta o que é necessário (neste caso, o óleo para as lâmpadas) para sua casa, porque o ganho dela é tão bom. Seu trabalho diligente garante que há um saldo positivo para eventuais necessidades ou emergências.

Ela também prevê necessidades no futuro e toma as providências necessárias:

> No tocante à sua casa, não teme a neve, pois todos andam vestidos de lã escarlate (Provérbios 31:21).

A mulher não somente cuida dos seus (veja 1Timóteo 5:8), mas o faz com excelência. Ela "não teme" o perigo da neve porque já preparou toda a sua casa para enfrentá-la. E a família se veste de escarlate, uma referência ao que era de melhor e mais elegante da época. A família da pessoa sábia desfruta dos benefícios dos seus empreendimentos! Podemos dizer que tudo anda bem no lar por causa da boa mordomia dela. O versículo 25 acrescenta, "A força e dignidade são os seus vestidos, e quanto ao dia de amanhã, não tem preocupações".

> Atende ao bom andamento da sua casa e não come o pão da preguiça (Provérbios 31:27).

Mais uma vez, o texto destaca sua diligência ("não come o pão da preguiça" significa que ela trabalha diligentemente, evitando os excessos dos tolos). Como mordoma fiel, sempre abastece os seus. Ela vigia ("atende" traz a ideia de supervisão cuidadosa) tudo que acontece em sua família.

Finalmente, quando essa mulher abre a boca, só edifica aqueles ao seu redor:

> Fala com sabedoria, e a instrução da bondade está na sua língua (Provérbios 31:26).

Sua boca derrama sabedoria divina, porque é isso que enche seu coração. A "lei da graça" ou literalmente a "Torah" da "Chesed", uma justaposição inesperada de termos, que significa que o que rege (a lei) a boca dela é o amor fiel (graça) de Deus. Seu ensino acompanha o modelo da sua vida: "outrocentrismo" e bondade.

Essa mulher conhece a Palavra de Deus, mas também conhece seu Autor e quando abre sua boca, seus conselhos sábios e graciosos ministram àqueles ao seu redor.

Sabedoria no uso da língua caracteriza a sabedoria divina no livro de Provérbios. Uma língua graciosa sinaliza um coração transformado. Como já vimos no capítulo anterior, Lucas diz algo semelhante sobre Jesus, "Todos lhe davam testemunho e se maravilhavam das palavras de graça que lhe saíam dos lábios" (Lucas 4:22). Lembramos também de Efésios 4:29: "Não saia da sua boca nenhuma palavra torpe, e, sim, unicamente a que for para edificação, conforme a necessidade, e assim transmita graça aos que ouvem".

Sabedoria revela-se nas palavras! A boca fala do que está cheio o coração. Será impossível domar a língua se Jesus não domar o coração.

C. Ela abençoa a comunidade

A mulher "virtuosa" não se limita a abençoar a sua própria família, embora seja a ênfase desse texto. Ela também abençoa os necessitados ao seu redor.

> Estende as mãos ao fuso, mãos que pegam na roca. Abre a mão ao aflito; e ainda a estende ao necessitado (Provérbios 31:19-20).

O versículo 19 volta à ideia da produção de roupa (v. 13), enfatizando a diligência e o envolvimento pessoal da mulher virtuosa no trabalho do lar. As mesmas mãos que se estendem para produzir se estendem para providenciar! Provérbios caracteriza o sábio e justo como alguém que se preocupa com as necessidades da comunidade.[13]

Ela também abençoa a comunidade pela sua indústria domiciliar, suprindo o mercado local com material de alta qualidade:

> Ela faz roupas de linho fino e vende-as, e dá cintas aos mercadores (Provérbios 31:24).

Por causa dessas virtudes, a mulher anda despreocupada quanto ao futuro, pois já fez todos os preparativos necessários.

PARA REFLETIR E COMPARTILHAR

O que mais chama atenção sobre o desafio de ser uma bênção nestes círculos concêntricos que passam do lar para a comunidade? Qual área parece mais difícil para você? Como que uma vida dependente de Cristo pode abençoar outros como a vida da mulher virtuosa?

Como uma mulher pode equilibrar tantas demandas entre a vida do lar, da igreja, do serviço e da comunidade? Ela consegue fazer tudo isso em um dia? Ou há fases da vida em que certas áreas tomam precedência na vida da mulher?

---

[13] Provérbios desenvolve o tema de generosidade na comunidade:
- O crente não deve recusar ajuda ao seu próximo quando tem o poder de fazê-lo (Provérbios 3:27-28; 11:24,26, cf. Mateus 5:40-42).
- O crente não deve fechar seus olhos e se manter propositalmente ignorante quanto à situação do pobre, às suas condições dele e às necessidades da sua comunidade.
- Tapar os ouvidos ao clamor do pobre implica não ser ouvido na sua hora de necessidade (21:13).
- Fechar os olhos implica acumular maldições contra si mesma (28:27).
- O justo procura informar-se sobre a causa dos pobres, enquanto o perverso não quer nem saber (29:7).

Compare com o Salmo 112, em que o homem que teme a Deus também abençoa os necessitados.

2. Seu louvor: a mulher que abençoa é abençoada (31:28-31)

Essa mulher que faz bem a todos também recebe o reconhecimento devido, vindo das pessoas mais próximas e que a conhecem melhor. Seu louvor começa em particular, mas chega até a praça da cidade. Todos reconhecem as virtudes dessa mulher sábia que abençoa todos que a encontram. Três vezes em quatro versículos a palavra "louvor" aparece para designar o fruto da sua vida.

Waltke cita vários paralelos no texto entre os versículos 28-31 e o corpo do poema, em que o que ela semeou, também colheu:[14]

Ela abençoa sua casa e seu marido (11-12, 15, 20, 21, 23)	Seus filhos e marido a abençoam (28)
Ela dá o fruto do seu trabalho a outros (16, 24)	Ela recebe o fruto das suas mãos (31)
Ela levanta (15) para trabalhar	Sua família "levanta" para louvá-la (28)
O marido foi abençoado publicamente (23)	Ela é abençoada publicamente (31)
Ela não teme o mal (21)	Ela teme ao Senhor (31)

A. Ela é louvada pela família (28, 29)

> Levantam-se seus filhos e lhe chamam ditosa; seu marido a louva, dizendo: muitas mulheres procedem virtuosamente, mas tu a todas sobrepujas (Provérbios 31:28, 29).

Os filhos e o marido declaram a dignidade da sua mãe e esposa, mais uma vez exaltando seu valor como alguém extremamente rara (veja v. 10); mesmo que uma mulher virtuosa fosse tão rara como joias preciosas, ela é ainda mais preciosa, pois é única entre todas elas! Os filhos e o marido se levantam em sua presença como sinal de respeito.

---

[14] WALTKE, *The Book of Proverbs*, v. 2, p. 533.

A sabedoria é sua própria recompensa. Observe como o livro termina, destacando mais uma vez como a vida sábia será galardoada. Ela será recompensada:

1. Pelos filhos (28a), que chamam a mãe "ditosa".
2. Pelo marido (28b), que tem o maior prazer em elogiar o caráter da esposa.

B. Ela é louvada na comunidade (30,31)

> Enganosa é a graça, e vã, a formosura, mas a mulher que teme ao SENHOR, essa será louvada. Dai-lhe do fruto das suas mãos, e de público a louvarão as suas obras (Provérbios 31:30, 31).

Enquanto outras mulheres se preocupam com a aparência externa, que no máximo dura alguns poucos anos, o louvor da mulher que desenvolve a beleza interior é duradouro! Com a alegria de deliciar o fruto do seu esforço (v. 31; veja 3João 4), ela receberá do Senhor a recompensa de uma vida investida na sabedoria divina e será reconhecida publicamente!

O ponto de partida para uma vida sábia é o temor do Senhor — um relacionamento de intimidade com Deus por meio de Jesus. Ninguém será capaz de viver uma vida sábia sem Jesus! Note que esse poema fecha o livro de Provérbios da mesma forma que o começou, com o temor do Senhor: (veja Provérbios 1:7; 9:10; Salmos 112:1). Em outras palavras, ela tem um relacionamento íntimo com Deus que inclui temor e amor, transcendência e imanência; reverência e carinho. A pessoa que teme a Deus vive ciente da presença dele em tudo que faz (veja Provérbios 3:5,6). Ela adquiriu a perspectiva do alto e por isso toma decisões acertadas.

A exortação final serve como a grande motivação em termos de uma vida dedicada à busca da sabedoria divina pelo temor do Senhor. Quem achará a mulher virtuosa? Quem achará a sabedoria? A resposta é que será difícil, mas é possível. E como vale a pena a busca! Seus benefícios se manifestarão diante de todos![15] A pessoa sábia que abençoa a todos pela vida "outrocêntrica" acaba recebendo o que tanto deu — bênção!

---

[15] RIGGLE, *Proverbs 31:10-31*, p. 76.

Para refletir e compartilhar

Você conhece alguém que abençoou muito a sua vida como a mulher virtuosa? Quais foram as características mais marcantes da vida dela? Como que a vida outrocêntrica de Cristo manifestou-se nela?

Quais seriam maneiras práticas que você poderia abençoar algumas mulheres que têm abençoado a sua vida? Que tal implementar uma dessas ideias ainda essa semana?

A GRANDE IDEIA

A mulher virtuosa é abençoada para abençoar todos ao seu redor e, por sua vez, é abençoada por eles.

7 Mulheres submissas

Muitos têm debatido de onde vem o poder cativante da Monalisa, de Leonardo da Vinci. Talvez seja o sorriso misterioso da mulher, ou a possibilidade de que ela saiba algo que nós não sabemos. Da Vinci ficou famoso pela sua inovação de técnicas artísticas na Monalisa, especialmente pelo uso suave de cor e sombras, criando esse efeito misterioso, uma aura em volta da figura.

Quando Deus quis nos instruir sobre relacionamentos saudáveis no lar, começou com o retrato de uma mulher cujo valor é inestimável. Nela a vida de Cristo se manifesta, superando suas tendências naturais pela obra sobrenatural da graça. Essa mulher possui uma aura também, criada pelo uso suave do Espírito de pinceladas que traçam a imagem de Cristo em seu caráter. Os textos bíblicos que revelam essa pintura são unânimes na descrição dessa mulher: Ela tem um espírito manso e tranquilo, um coração submisso.

Se existe uma palavra politicamente incorreta na sociologia da família hoje, é a palavra "submissão". A polêmica normalmente inclui um debate entre dois extremos igualmente desequilibrados. Alguns erram ao lado do feminismo radical, clamando por uma libertação generalizada da opressão feminina; outros erram por um "neomachismo" que justifica um domínio masculino que também não encontra respaldo nas Escrituras. Como sempre, precisamos voltar à Palavra de Deus para um equilíbrio que permite que Deus tenha a última palavra.

Existem quatro textos bíblicos do Novo Testamento que identificam esse papel da mulher no lar (Efésios 5:22-24; Colossenses 3:18; Tito 2:3-5; 1Pedro 3:1-6). Neste estudo, queremos focar a atenção em dois deles:

> *Sujeitando-vos uns aos outros no temor de Cristo. As mulheres sejam submissas a seus próprios maridos, como ao Senhor; porque o marido é o cabeça da mulher, como também Cristo é o cabeça da igreja, sendo este mesmo salvador do corpo. Como, porém, a igreja está sujeita a Cristo, assim também as mulheres sejam em tudo submissas a seus maridos (Efésios 5:21-24).*
>
> *Esposas, sede submissas aos próprios maridos, como convém no Senhor. (Colossenses 3:18).*

Para seguir as pinceladas do Artista Divino, primeiro vamos limpar a tela de preconceitos e equívocos, descobrindo *o que a submissão da mulher NÃO significa*. Depois examinaremos a pintura bíblica do retrato dessa mulher valiosa.

O QUE A SUBMISSÃO *NÃO* SIGNIFICA

1. A submissão não é uma responsabilidade exclusiva da mulher.

Efésios 5:21 deixa claro que, como fruto da plenitude do Espírito em nossas vidas (Efésios 5:18), todos nós temos uma responsabilidade de submissão mútua: "Sujeitando-os uns aos outros". Todos nós vivemos debaixo de autoridade. O Espírito de Deus produz um "alinhamento" (sentido literal do verbo grego traduzido "sujeitar-se") no Corpo de

Cristo (e especialmente na família) por meio de autoridades em nossas vidas a quem nos submetemos.

Assim como os vários anéis de uma dobradiça precisam ser encaixados para que uma porta abra e feche sem chiar, esposas, maridos, pais e filhos precisam submeter-se a Deus e uns aos outros no desempenho de seus respectivos papéis no lar. Afirmar que submissão é uma "maldição exclusiva" da mulher ignora o ensino bíblico claro sobre o assunto. Todos nós somos chamados a nos submeter em múltiplas esferas da nossa vida:

- Todos a Deus (Tiago 4:7; Hebreus 12:9).
- Cidadãos ao governo (Romanos 13:1,5; 1Pedro 2:13; Tito 3:1).
- Ovelhas aos Pastores (Hebreus 13:17; 1Coríntios 16:16).
- Jovens para os mais velhos (1Pedro 5:5).
- Esposas aos maridos (Efésios 5:22ss; Colossenses 3:18).
- Filhos aos pais (Efésios 6:1-3; Colossenses 3:20).

Nas Escrituras, submissão é o sabor do cristianismo, enquanto insubmissão cheira a inferno. Jesus é o maior exemplo de submissão à vontade do Pai, enquanto Satanás é o campeão mundial de rebeldia. Em Cristo, relacionamentos outrora desalinhados são novamente estruturados.

2. A submissão não significa que a mulher é inferior.

Alguns, infelizmente, têm interpretado o ensino bíblico sobre submissão como se significasse a inferioridade da mulher. No entanto submissão feminina é, acima de tudo, uma questão *funcional*, não essencial. Como já vimos nos primeiros capítulos, Deus criou o homem e a mulher à imagem dele (Gênesis 1:27). Criou a mulher justamente para socorrer o homem e complementá-lo no que ele era fraco (Gênesis 2:15-18; veja Gálatas 3:28).

Na própria Bíblia encontramos mulheres mais corajosas do que homens (Débora x Baraque), outras aparentemente mais capazes como comunicadoras da Palavra do que seus maridos (Priscila x Áquila) e mais comprometidas com Jesus (Maria, Marta e outras mulheres x os apóstolos na crucificação e ressurreição de Jesus).

Keller e Keller descrevem a beleza e dignidade dessa hierarquia funcional da Trindade que é refletida no desempenho dos papéis do casal no casamento:

> O Filho se sujeita ao Pai e assume o papel subordinado. O Pai aceita esse presente, mas depois exalta o Filho à posição mais elevada. Cada um deseja exaltar o outro; cada um deseja agradar o outro... O Filho se sujeita à liderança do Pai com atitude desprendida, alegre e voluntaria... O Filho assume o papel subordinado e, nesse movimento, mostra grandeza, não fraqueza.[1]

Isso anula diferenças funcionais e práticas no bom andamento do lar? Não. Em sua infinita graça, Deus designou um membro do lar como líder, protetor e provedor, e outro como sua companheira, amiga e complemento, assim evitando muito conflito e atrito na família.[2]

3. A submissão da esposa não é para todos os homens em todos os contextos.

Alguns homens falam como se todas as mulheres fossem subservientes a eles e tentam usar a Bíblia para defender sua postura. Porém o texto bíblico é unânime e claro ao declarar não menos de *quatro* vezes que a submissão é da esposa *ao seu próprio marido* (Colossenses 3:18, 1Pedro 3:1, Efésios 5:22, Tito 2:2-5). O jovem namorado não tem direito nem razão em exigir submissão da parte de sua namorada, assim como um homem

---

[1] KELLER; KELLER, *O significado do casamento*, p. 210-211.
[2] HOEHNER, *Ephesians*, p. 726, afirma: "Embora todos sejam iguais diante de Deus, isso não exclui linhas de autoridade. Por outro lado, onde há linhas de autoridade em uma estrutura hierárquica, isso não nega igualdade. Por exemplo, os cidadãos de um país são iguais, mas também há muitos níveis diferentes na estrutura de poder do país. Não significa que aqueles em autoridade são cidadãos melhores do que aqueles que os governam. Não há diferença qualitativa entre as Pessoas da Divindade. Todas as três Pessoas de Deus são qualitativamente iguais (Mateus 28:19; 2Coríntios 13:14; Efésios 4:4-6; 1Pedro 1:2; cf também João 13:16; 18:21) mas mesmo assim o Filho é subordinado ao Pai (Mateus 10:40; 26:39, 42; João 8:29, 42; 12:49), o Espírito Santo ao Pai (João 14:26; 15:26; 16:13-15) e o Espírito Santo ao Filho (João 16:7; cf 14:26; 15:26)". Portanto, subordinação nem sempre implica diferença qualitativa.

não tem autoridade sobre a esposa de outro. A ênfase do texto é submissão no contexto do lar. Outros textos, em que a igreja local é considerada uma família, lidam com linhas de autoridade e ensino no contexto da igreja (por exemplo, 1Timóteo 2:11-15). Contudo, nada na Palavra justifica uma aplicação de submissão feminina ao contexto político, empresarial ou social. Tomemos cuidado para falar o que a Palavra fala, não mais nem menos.

4. A submissão não implica em autonomia masculina no lar.

Submissão no lar não significa que o homem toma todas as decisões independentemente de qualquer consulta, palpite ou opinião dos outros membros do lar. A razão pela criação da mulher foi justamente a necessidade que o homem tinha (e tem) de alguém ao seu lado como companheira, amiga, complemento e socorro. Os cônjuges são como talhadeiras nas mãos do Espírito Santo, que ele usa para esculpir a imagem de Cristo em nós (Provérbios 27:17; 2Coríntios 3:18). Deus nos fez INTERdependentes e não INdependentes um do outro:

> No Senhor, todavia, nem a mulher é independente do homem, nem o homem, independente da mulher. Porque, como provém a mulher do homem, assim também o homem é nascido da mulher; e tudo vem de Deus (1Coríntios 11:10,11).

PARA REFLETIR E COMPARTILHAR

Das quatro áreas que descrevem o que a submissão feminina NÃO é, qual ou quais mais tem influenciado sua vida e perspectiva sobre o papel da mulher no lar?

Como as duas ilustrações citadas (a dobradiça e a submissão de Jesus ao Pai) nos ajudam a entender o que submissão bíblica é e não é?

O QUE A SUBMISSÃO SIGNIFICA

Então, o que significa submissão feminina? Vamos apreciar com calma o retrato que o grande Artista pintou com cores suaves e sombras sutis. Ele usa pelo menos cinco toques de pincel no retrato da mulher valiosa, cada um acrescentando uma dimensão fantástica ao nosso quadro.

1. A submissão é oferecida pela própria mulher ao marido.

> As mulheres, sejam submissas ao seu próprio marido, como ao Senhor (Efésios 5:22).

O primeiro toque do artista fala diretamente às esposas. Não diz, "Maridos, subjugai as vossas mulheres!". Submissão é algo *voluntário*, não no sentido de opcional, mas de que é preciso brotar do coração da mulher. É uma questão entre a mulher e Deus em primeiro lugar, ou seja, um alinhamento vertical com Deus.

Toda a discussão sobre papéis no lar parte da ordem paulina de ficar cheio do Espírito (Efésios 5:18) e habitado pela Palavra (Colossenses 3:16). Os resultados da plenitude do Espírito e a habitação da Palavra em Efésios e Colossenses são quase iguais, mas isso faz todo sentido, pois o Espírito de Deus é o Autor da Palavra de Deus que Ele usa para recriar a imagem de Deus em nós.

A ordem de ficar cheio (controlado) pelo Espírito vem seguida por cinco gerúndios que descrevem as evidências ou resultados de alguém que realmente vive sob a influência do Espírito. São efeitos sobrenaturais que vão contra a natureza humana pecaminosa justamente nas áreas onde somos mais vulneráveis. Não podem ser fabricados pelo homem, mas são produzidos pela atuação sobrenatural do Espírito em uma vida obediente à sua Palavra.[3]

Podemos resumir dizendo, "Se o Espírito me controlar, os resultados serão vistos no meu lar." O lar é o lugar onde somos quem somos e onde Deus quer nos transformar de dentro para fora.

2. A submissão da esposa é uma ordem, não uma opção.

> As mulheres, sejam submissas ao seu próprio marido, como ao Senhor (Efésios 5:22).

---

[3] HOEHNER, Harold W. *Ephesians:* An exegetical commentary. Grand Rapids: Baker Academic, 2002, p. 706.

Nada no texto bíblico dá respaldo à ideia de que submissão seja uma opção. Em termos bíblicos, é uma ordem transcultural e transtemporal, com suas raízes na própria Criação.

Tanto Paulo como Jesus eram extremistas em suas culturas em termos da liberdade e atenção oferecidas às mulheres. Jesus deu *muito* espaço para mulheres em seu ministério, a ponto de criar escândalos entre seus contemporâneos. Paulo também protegeu e elevou o status das mulheres por meio do seu ensino sobre a santidade do casamento, a preservação da dignidade sexual da mulher e sua igualdade em Cristo com o homem.

> Embora a submissão seja uma marca do cristianismo, em lugar nenhum do texto bíblico Deus ordena que o homem se submeta à mulher. Existe um sentido em que há submissão mútua entre marido e esposa, por exemplo, nas relações sexuais, ensinamento claro (e contra cultural) de 1Coríntios 7:1-5, mas pouco tem a ver com o argumento aqui. Entendemos que Jesus, Paulo e Pedro foram "radicais" em suas posições contraculturais quanto à questão do papel da mulher, só não tão radicais (e antibíblicos) como os defensores hoje de posições feministas estranhas às Escrituras.

Se o propósito da Palavra de Deus é nos dar tudo de que precisamos para uma vida piedosa (2Pedro 1:3), parece muito estranho afirmar que Deus simplesmente "se acomodou" às limitações contextuais e culturais da época, especialmente quando consideramos o fato de que tanto Jesus quanto Paulo foram iconoclastas na questão de gênero da sua sociedade e o fato de que ambos não hesitaram em atacar instituições e práticas culturais que fugiam do plano de Deus. As implicações de simplesmente relegar texto após texto da Palavra de Deus para as prateleiras de irrelevância minam a autoridade das Escrituras. E fica a pergunta: "Porque Paulo e Pedro, em quatro textos independentes, chamam a mulher para submissão ao próprio marido?".

A chave para entender a importância da submissão na administração divina é o uso que o Apóstolo Paulo faz da analogia entre Cristo e a Igreja. Repetidas vezes em Efésios 5:22-33 ele invoca essa analogia para enaltecer a dignidade dos papéis de homem e mulher no lar. Submissão feminina no lar exalta a beleza do relacionamento existente entre a Igreja e Cristo![4]

Em Efésios 5:22, a mulher se submete ao marido "como ao Senhor", ou seja, como um ato de obediência a Cristo — seja o marido merecedor da sua lealdade, ou não.

A criação da mulher como auxiliadora do homem *não* implica inferioridade, mas em uma missão de complementação em que o análogo mais próximo é o socorro que Deus dá ao homem em tempos de necessidade ou crise. A tarefa da mulher neste sentido é digna e exaltada, mesmo que seja subordinada à liderança masculina. Nada no texto justifica a opressão da mulher pelo homem, mas, sim, uma santa cooperação em que cada um desenvolve seus papéis como reflexo da própria Trindade. Outros textos mais adiante na Palavra de Deus esclarecerão a suprema importância do "jugo igual" no matrimônio, justamente para que ambos, marido e mulher, possam servir o Reino de Deus e exaltar o Filho de Deus pela complementação mútua dentro do mesmo compromisso espiritual.

E exatamente O QUE Deus está exigindo da mulher? Mais uma vez, encontramos muita confusão sobre o verdadeiro significado do termo "submissão".

3. A submissão significa alinhar-se debaixo da autoridade do marido.

> Porque o marido é o cabeça da mulher, como também Cristo é o cabeça da igreja, sendo este mesmo o salvador do corpo. Como, porém, a igreja está sujeita a Cristo, assim também as mulheres sejam em tudo submissas ao seu marido (Efésios 5:23,24).

O terceiro toque do artista define a submissão. Não é uma "sub" missão, como se fosse menos importante que a do homem, mas é uma missão de apoio.

---

[4] Submissão feminina não significa que a mulher acata abuso sexual, emocional ou físico, nem que obedece a ordens do marido que conflitam com a Palavra de Deus. Nesses casos, convém que obedeça a Deus, e não aos homens.

Certa vez alguém definiu submissão como "A arte de saber quando agachar-se para que Deus possa bater em seu marido!". Também não é isso que Paulo pede.

O verbo grego traduzido como "submissão" traz a ideia de "colocar-se em ordem debaixo de autoridade". O tempo presente enfatiza que essa atitude deve caracterizar o comportamento da mulher, pelo poder do Espírito.

A ideia de *alinhar-se* debaixo da liderança do marido, para o bom funcionamento do lar não é porque a mulher é inferior, menos capaz ou menos perita. Não pode haver dois chefes decidindo tudo no lar. De novo, isso não significa autonomia do homem, mas que, em última análise, a responsabilidade de liderar e decidir é dele. A responsabilidade é dele, a culpa será dele e a mulher fica protegida quando entra debaixo da autoridade dele.

Alguns alegam que "submissão" difere de "obediência", mas a primeira qualidade provavelmente inclui a segunda. Embora a palavra "obediência" não apareça em Efésios 5, usa-se, sim, no texto paralelo de 1Pedro 3:5,6, no qual a obediência de Sara ao seu marido Abraão ilustra o princípio de submissão.[5]

Elyse Fitzpatrick comenta o papel da mulher em relação ao homem, sendo ambos imagem de Deus, mas diferentes na maneira em que se relacionam:

> Tanto Adão quanto Eva foram criados à imagem de Deus. Embora fossem iguais perante Deus, Eva foi criada com capacidades e chamados diferentes. Adão foi criado primeiro para refletir e adorar a Deus (tal como aconteceu com Eva); esta, no entanto, tinha também um chamado secundário — honrar Adão e ser uma auxiliadora. É devido a essa diferença em projeto e chamado que as mulheres pensam, desejam e pecam em maneiras particularmente femininas.[6]

Vemos uma ilustração dessa ideia no alinhamento dos pneus de um carro. Certa vez, quando morávamos no estado de Texas, tivemos um

---

[5] HOEHNER, *Ephesians*, p. 735.
[6] FITZPATRICK, *Ídolos do coração*, p. 143, n. 11.

pequeno acidente depois de uma tempestade de gelo. Nosso carro derrapou no gelo e girou uns 360 graus até que bateu no guarda-corpo do acostamento. Ninguém se feriu, mas o carro nunca mais foi o mesmo. O chassi ficou arrebentado, ao ponto que parecia um siri andando torto. O eixo da frente ficou desalinhado com o eixo de trás. Então os pneus de trás pareciam que queriam andar em uma direção enquanto os dianteiros queriam andar em outra. Foi um caos total.

Para o bom andamento do carro chamado "família", mesmo que todos os "pneus" sejam iguais (mesmo material, mesma fabricação) é necessário que alguns andem na frente e outros atrás. Os da frente enfrentam os perigos da estrada primeiro, mas também estabelecem a direção. Os de trás evitam alguns dos "buracos da vida" (se é que os "líderes" estejam desempenhando bem seu papel), mas às vezes não têm a mesma visão da estrada dos da frente.

4. A submissão bíblica significa temer (respeitar) o marido.

> Grande é este mistério, mas eu me refiro a Cristo e à igreja. Não obstante, vós, cada um de per si também ame a própria esposa como a si mesmo, e a esposa respeite (tema) o marido (Efésios 5:32,33).

Já notamos que o termo "submissão" significa "alinhar-se debaixo da autoridade do marido". Mais uma vez descobrimos que Deus está preocupado com o coração da esposa. Submissão sem respeito é como obediência sem honra — oca, vazia, hipócrita.

Vemos isso na criação de nossos filhos. Infelizmente muitos pais hoje se contentam com uma suposta obediência, mesmo forçada, mesmo "da boca pra fora". Deus, porém, chama filhos não somente para obedecer, mas também para honrar. A ponte que liga obediência e honra é a submissão. O pai quer que seus filhos não somente façam o que ele pede, mas que o façam de todo o coração. Deus não aceita outro tipo de obediência.

Da mesma forma, Deus pede que as mulheres se alinhem debaixo da autoridade dos maridos, mas ele vai um passo além do mero ato ou fato de aceitar a palavra dele como final. Voltando à ilustração da dobradiça, se for desalinhada, chiará e rangerá de forma desagradável. Talvez seja isso o que o autor de Provérbios chama de "gotejar contínuo". Conforme Salomão, seria melhor morar no canto do telhado da casa do que viver com uma mulher assim! (Provérbios 25:24, 21:9).

A essência do conceito bíblico de submissão é uma decisão de respeitar o marido, *não importando a dignidade dele*.

Podemos resumir a ideia dizendo que a esposa deve ser a maior fã do marido dela. Mesmo que todos no mundo se virassem contra ele, o marido deveria ter a confiança de que pelo menos a esposa acredita nele.

No texto de Efésios 5:22-24,33, descobrimos que a submissão da mulher ao marido é paralela à submissão da igreja a Cristo. Certamente não é uma questão de obediência meramente formal, de liderança aceita, porém ressentida. *Da mesma forma como a igreja deve ser submissa a Cristo, a esposa deve se submeter ao seu marido.*

Contudo, o versículo 33 esclarece esse aspecto interior que Paulo tem em mente quando resume sua instrução com uma nova palavra — "e a esposa *respeite* a seu marido". A palavra "respeitar" literalmente significa "temer".

Infelizmente, o feminismo escancarado e o machismo pouco iluminado têm criado um ambiente em que é difícil resgatar o equilíbrio bíblico sobre os papéis. Na tentativa de amenizar o choque de um termo como "temor" para descrever a atitude da esposa para com o marido, perdemos a beleza dessa nova descrição. A ideia já foi introduzida no início do texto (5:21 — "sujeitando-vos uns aos outros no *temor* de Cristo"). Também nos dá uma dica quanto ao significado de "temor" para descrever o relacionamento conjugal. Isso nos faz lembrar do "temor do Senhor", que traz a ideia de respeito e amor. O "temor do SENHOR" inclui submissão reverente à vontade do Senhor na atitude de um adorador verdadeiro.[7] Trata-se de uma frase que significa relacionamento íntimo acompanhado por respeito profundo.

---

[7] ROSS, Allen. "Genesis". *In*: WALVOORD, J. F.; ZUCK, R. B. *The Bible knowledge commentary:* An exposition of the scriptures (Gênesis 2:15–17). Wheaton, IL: Victor Books, 1983, p. 902.

5. A submissão bíblica requer uma obra sobrenatural no coração da mulher.

O último toque do Artista nos lembra de que a submissão deve ser praticada "como convém no Senhor". É uma frase superimportante. Lembra-nos de que o padrão é celestial e vem do Senhor.

Temos de admitir que tudo que Deus pede de nós para o bom funcionamento de um lar no qual Cristo reina é fora da nossa capacidade. Não é natural para o homem amar sacrificialmente sua esposa. A natureza "normal" da criança não é de obedecer e honrar os pais. Tudo no texto exige uma capacitação sobrenatural.

No caso da mulher, Deus deixou muito claro desde o início que o efeito do pecado no relacionamento a dois estragaria o relacionamento de *complementação* ("auxiliadora idônea" 2:18), substituindo-o por *competição*. Gênesis 3:16 fala desse resultado da Queda: "o teu desejo será para o teu marido, e ele te governará". Como já vimos, isso significa que a mulher teria a tendência *natural* de querer sobrepujar o marido, subjugá-lo, resistir à sua liderança e afirmar sua própria independência. Também diz que o homem, *como resultado da Queda*, "oprimirá" a mulher, uma palavra que no texto sugere não uma liderança benéfica, mas opressiva.

Então, se a tendência natural da mulher é de resistir à liderança do marido, e se a tendência natural do homem é de subjugar a mulher, como voltar ao padrão bíblico de complementação, harmonia e paz nos papéis do lar? A resposta está no poder sobrenatural e espiritual vindo como fruto da obra de Cristo.

O ponto de partida para relacionamentos resgatados no lar começa com a plenitude (controle) do Espírito e a habitação plena da Palavra em nossas vidas. Efésios 5:18 dá a ordem de ficarmos cheios do Espírito, com o resultado prático de que as esposas se submeterão aos seus maridos, ou seja, uma reversão da tendência *natural* da mulher. Pelo Espírito, pela nova capacitação vinda da obra da cruz de Cristo, ela se torna uma nova criatura. Essa é a única esperança para o lar — uma obra sobrenatural, em que a vida de Cristo Jesus está sendo reproduzida dia após dia na vida do homem e da mulher. A mulher se torna a Eva que Eva deveria ter sido.

No final da sua discussão sobre os papéis da esposa e do marido, Paulo termina com uma declaração ao mesmo tempo chocante e gloriosa: "Grande é este mistério, mas eu me refiro a Cristo e à igreja" (Efésios 5:32). Mais uma vez, reconhecemos o poder ilustrativo que o casamento tem no plano divino. Além de espelhar aspectos da imagem de um Deus triúno, também ilustra a profundidade do amor entre Cristo e a igreja. Quando Deus pinta o retrato maravilhoso da mulher submissa, faz outro ainda mais espetacular, que é da sua amada igreja em sujeição ao seu Filho amado.

Para refletir e compartilhar

Como a esposa cristã pode demonstrar que ela é a maior "fã" do marido? Em que sentido submissão é mais uma atitude do que uma ação (embora certamente envolva ações)?

Das cinco características que descrevem o que submissão bíblica significa, qual é a mais difícil para você? (Se você é solteira, qual você acha que seria mais difícil para você?)

A GRANDE IDEIA

Cristo é exaltado no lar quando a mulher se submete ao próprio marido de todo o seu coração.

8 Mulheres como Sara

TEMOS UM FILHO QUE hoje é major da Força Aérea americana. Foi comissionado como 2º tenente, e as barras de oficial foram fixadas em seus ombros pela sua esposa. Naquela ocasião, enquanto descia do palco da cerimônia, Daniel cruzou com um soldado cujas mangas da farda estavam cheias de listras e o peito, de medalhas. Era o sargento mestre da base — o homem que ocupava a posição mais alta entre os soldados não oficiais. Com muitos anos de serviço militar e medalhas representando sua participação em ações militares ao redor do mundo, o homem era um guerreiro experimentado. No entanto, ao encontrar nosso filho recém-formado descendo da plataforma, ele ficou em pé, bateu continência para Daniel e, depois de reconhecido, com a permissão do Daniel, sentou-se novamente.

Foi algo incompreensível, pois aquele homem era superior ao nosso filho em quase todos os sentidos militares. Mais tarde, Daniel explicou: "Eu sei que aquele homem tem muito mais experiência do que eu, muito mais inteligência militar e tem muito para me ensinar. No entanto, nas forças armadas, existe uma hierarquia funcional e aquele homem serve para fazer da minha carreira um sucesso. Eu seria o maior tolo se eu não colasse nele e aprendesse tudo que ele tem para me ensinar. Por outro lado, na hora da decisão, eu terei de ser o líder e sei que ele me seguirá até o final".

O serviço militar fornece uma ilustração de papéis no lar. Um oficial do exército recém-formado carrega um peso de responsabilidade acima de qualquer soldado, mesmo que esse tenha décadas de experiência, conhecimento e tempo de serviço. Por outro lado, o sucesso de qualquer exército depende da submissão (alinhamento) imediata de soldados debaixo dos seus oficiais e de oficiais sábios que tiram o máximo de proveito desse conhecimento dos seus subordinados.

Quando chegamos ao texto de 1Pedro 3, encontramos pela quarta vez nas Escrituras uma ordem para que as esposas sejam submissas aos seus próprios maridos (veja Efésios 5:22-24; Colossenses 3:18; Tito 2:5). Esse, o texto mais extenso, repete alguns elementos já vistos, mas acrescenta outros muito importantes para uma compreensão exata do papel da mulher no casamento.[1]

CONTEXTO

Seria impossível compreender as palavras de Pedro sem situá-las no contexto da carta, que trata do relacionamento entre sofrimento e glória na vida do cristão. Pedro lida com a dura realidade de relacionamentos num mundo de injustiça, onde o cristão é peregrino e estrangeiro (2:11). Como parte do seu desafio e da sua consolação dos cristãos em sofrimento, Pedro cita o exemplo da submissão humilde de Cristo até a morte de cruz, um sacrifício que levou a um bem imensurável — nossa salvação (1Pedro 2:21-25). "A inocência de Cristo em meio ao sofrimento injusto representa um fundamento para o comportamento piedoso do cristão quando tratado injustamente."[2]

---

[1] Veja o estudo sobre o papel da esposa no capítulo sobre Efésios 5:22-24.
[2] SLAUGHTER, James. "Submission of Wives (1Pet. 3:1a) in the Context of 1 Peter". *Bibliotheca Sacra,* Jan-Mar, 1996, p. 66.

Nesse contexto, Pedro trata da questão da submissão e, de certa maneira, do sofrimento dentro do lar, especialmente quando um cônjuge (o marido) não é crente. O apóstolo Paulo também tratou da questão de cristãos casados com incrédulos, que parece ter sido comum desde cedo na história da Igreja (1Coríntios 7:12-16).

Assim como Cristo suportou tamanho sofrimento para o bem da humanidade, a esposa crente deve se submeter ao marido. No caso de um marido incrédulo, ele poderia ser ganho a Cristo pelo exemplo do comportamento humilde e piedoso da esposa (1Pedro 3:1-6). Em vez de focar na aparência exterior (a norma da cultura), sua ênfase no desenvolvimento de qualidades internas imita Sara e outras mulheres piedosas do passado e encontra a aprovação divina (3:3-6).

ESTRUTURA

O texto se divide facilmente. O apóstolo começa com *a ordem*, dada de forma sucinta e direta: as mulheres (esposas) devem submeter-se aos seus próprios maridos (1a); depois, declara *o propósito* da ordem: para que maridos que porventura não conheciam a Cristo pudessem ser ganhos pelo comportamento exemplar das esposas (1b-2); em terceiro lugar, *esclarece a importância do caráter* associado à atitude de submissão, algo raro e muito mais importante que adereços externos (3,4). Finalmente *ilustra o princípio* na vida da matriarca Sara, cuja atitude reverente diante do marido Abraão serve como exemplo para todas as mulheres (5,6).

1. A ordem: sujeitem-se a seu próprio marido (3:1a)

> Mulheres, sede vós, igualmente, submissas a vosso próprio marido (1Pedro 3:1a).

Pedro já tratou da questão de submissão no capítulo anterior, inclusive submissão que poderia culminar em sofrimento. Dois outros exemplos são citados: primeiro, todo cristão é chamado para uma vida de submissão como cidadão diante das autoridades governamentais (2:13-17). Contudo, muitos naquela época também se encontravam em outras situações que exigiam submissão, como no caso da escravidão (2:18-25). Cristo continua sendo o maior exemplo de submissão em meio ao sofrimento que culmina em glória — e na nossa redenção.

A primeira palavra no texto original do versículo 1, traduzida por "igualmente", indica que a situação das esposas com maridos descrentes figurava como uma terceira aplicação do princípio de submissão e do desempenho de papéis. Ou seja, mesmo que signifique sofrer algumas injustiças, a esposa precisa submeter-se ao seu marido como ao Senhor.

Ressaltamos novamente que a submissão não implica subjugação, opressão, tirania ou abuso por parte do marido. Nada nas Escrituras sugere que uma mulher deve permitir que o marido a maltrate, machuque, fira ou abuse dela em nome de "submissão". Assim como casais casados são chamados a proteger a imagem de Deus a dois em seus casamentos (veja Gênesis 1:26-28), a integridade da *imago Dei* como indivíduos também precisa ser protegida.

Como já vimos no estudo de Efésios 5:22-24, a palavra "submissão" é um termo militar que trata de um alinhamento debaixo de uma autoridade. A mulher cumpre seu chamado quando alegremente segue e apoia a liderança do seu marido em todas as questões que não implicam ferir seu relacionamento e sua submissão à autoridade maior, Deus.

Ficamos a nos perguntar se a frustração que tantas mulheres sentem hoje, apesar da sua suposta libertação pelo feminismo, não se deve ao fato de que têm abandonado a proteção e beleza da hierarquia funcional estabelecida por Deus?

> **PARA REFLETIR E COMPARTILHAR**
>
> Como as ilustrações do serviço militar e dos papéis dos membros da Trindade nos ajudam a entender os papéis no lar?
>
> Qual é a entre 1Pedro 3:1-6 e o texto anterior que trata de sofrimento (1Pedro 2:11-15)? Até que ponto submissão envolve sofrimento?

2. O propósito: ganhar o marido incrédulo (3:1b,2)

> ... para que, se ele ainda não obedece à palavra, seja ganho, sem palavra alguma, por meio do procedimento de sua esposa, ao observar o vosso honesto comportamento cheio de temor (1Pedro 3:1b, 2).

Entre outros tantos benefícios da obediência das mulheres na questão de submissão, Pedro cita um caso que se encaixa dentro do seu tema de possível sofrimento — um casamento com um marido incrédulo. Uma compreensão bíblica do casamento nos leva a entender que Deus veta o "jugo desigual". Contudo, na igreja primitiva seria comum algumas mulheres recém-convertidas terem maridos descrentes —) e pouco animados com a nova fé das suas esposas.[3]

A implicação da descrição do marido como alguém que "não obedece à Palavra" é que ele seja, pelo menos até certo ponto, hostil diante da fé da esposa. O verbo traduzido por "não obedece" traz a ideia de alguém "não persuadido" pela Palavra e, por isso, desobediente a ela.

Na cultura do Império Romano, a participação da esposa na vida religiosa do marido era praticamente obrigatória, fato amplamente comprovado. Augustus Nicodemos Lopes diz que

> quando uma mulher resolvia se tornar cristã, ou seja, quando ela decidia abandonar a religião do marido, isto representava um desafio à autoridade do marido. Ela não podia fazer isto sem a permissão dele, ela não podia ter a religião que queria. Tinha que ser a religião do marido.[4]

Podemos imaginar o constrangimento de um marido cuja esposa "enlouqueceu" ao ponto de juntar-se à religião dos crentes, um embaraço para ele que poderia culminar em tratamento áspero ou até mesmo abusivo da esposa. Nessa situação hipotética levantada por Pedro, ele oferece uma perspectiva animadora para as esposas: a possibilidade de "ganhar" o marido para a fé cristã.

O fato de que o marido pode ser convencido "sem palavra alguma"[5] enfatiza o poder de um espírito manso e tranquilo e a sabedoria do plano

---

[3] Slaughter diz que o uso da frase "e se..." aponta ao fato de que a maioria das esposas entre os leitores tinham maridos crentes e que maridos descrentes seriam menos comuns. SLAUGHTER, James. "Winning Unbelieving Husbands to Christ (1Pet 3:1b-4)". *Bibliotheca Sacra*, April-June 1996, p. 199.
[4] LOPES; LOPES. *A Bíblia e sua família*, p. 66.
[5] Alguns versículos mais tarde, em 3:15, Pedro exorta os leitores a estarem sempre prontos para dar uma palavra sobre sua esperança em meio ao sofrimento.

divino para os papéis no lar. O procedimento ou estilo de vida de uma esposa autenticamente cristã seria suficiente para conquistar o coração do marido.

> Infelizmente... [algumas mulheres] tentam converter o marido não cristão à força e de qualquer jeito... usando todo o tipo de argumento possível para empurrar-lhe o Evangelho garganta abaixo. Embora a intenção seja boa, a metodologia é a pior possível.[6]

O versículo 2 dá a razão por que o homem incrédulo pode ser ganho: ele observa contínua e constantemente o comportamento da esposa. A palavra "observar" só aparece duas vezes no Novo Testamento, com a outra ocorrência no capítulo anterior, 1Pedro 2:12, e com a mesma ideia: "Mantendo exemplar o vosso procedimento no meio dos gentios, para que, naquilo que falam contra vós outros como de malfeitores, *observando-vos* em vossas boas obras glorifiquem a Deus no dia da visitação".

O que o marido observa? Duas atitudes recebem ênfase: temor (respeito) e sinceridade (santidade). A expressão "cheia de temor" não descreve uma atitude de covardia ou subserviência diante do marido (como é o caso no temor aos homens — veja Provérbios 29:25). Fica difícil decidir se o "temor" refere-se à atitude da esposa diante de Deus ou diante do marido, mas a primeira certamente influencia a segunda: o temor do Senhor faz com que a mulher tema (respeite) seu marido. O apóstolo Paulo usou a forma verbal da mesma palavra em Efésios 5:33 para descrever mulheres que "temem" ou "respeitam" seus maridos.

Contudo, o marido também observa o "honesto comportamento" da esposa. A palavra "honesto" pode ser traduzida "puro" (veja Filipenses 4:8; 2Coríntios 11:2), "sincero", ou "inocente" (2Coríntios 7:11). A mesma palavra foi usada para descrever o caráter "puro" que as mulheres mais velhas incentivariam nas mais jovens (Tito 2:5). Assim como os servos,

---

Supostamente incluiria as próprias esposas também, ou seja, o fato de ganhar os maridos "sem palavra alguma" não significa que nunca poderiam *falar* da sua fé em Cristo, mas que deveriam esperar que seu comportamento provocasse a curiosidade espiritual do marido.

[6] LOPES; LOPES. *A Bíblia e sua família*, p. 68.

a mulher que se encontra em uma situação em que é perseguida pela sua fé terá a possibilidade de silenciar a oposição pelo seu estilo de vida exemplar. Que testemunho poderoso ela poderia dar!

Infelizmente, alguns têm usado esse texto para justificar o "namoro e casamento evangelísticos" ou "missionários", ou seja, racionalizam uma união com alguém que não partilha da mesma fé, por causa da possibilidade de "ganhá-lo" para Cristo. No entanto, o fim nunca justifica um meio claramente proibido por Deus. Na nossa experiência ministerial, para cada cônjuge incrédulo que mais tarde é convertido a Cristo dentro do jugo desigual, há muitos outros casamentos mistos que sofrem grande divisão e conflito.

PARA REFLETIR E COMPARTILHAR

Você conhece algum caso de uma mulher crente que era casada com um incrédulo, mas que ganhou o marido para Cristo pelo seu comportamento em casa? O que aconteceu?

Esse texto justifica o "namoro/noivado/casamento evangelístico"? Qual é o problema com essa prática?

3. O esclarecimento: beleza interior de maior valor (3:3-4)

> Não seja o adorno da esposa o que é exterior, como frisado de cabelos, adereços de ouro, aparato de vestuário; seja, porém, o homem interior do coração, unido ao incorruptível trajo de um espírito manso e tranquilo, que é de grande valor diante de Deus (1Pedro 3:3,4).

O terceiro passo no argumento de Pedro esclarece a vital importância do caráter da mulher, muito acima de questões superficiais de aparência. Ao contrário do que alguns têm alegado sobre o texto, Pedro não veta o uso (sábio e moderado) de roupas finas, maquiagem e outros adereços atraentes. Sua ênfase está no desenvolvimento de uma beleza interior que não somente mantém a atenção do marido muito depois que a aparência externa desvaneceu, mas que o próprio Deus valoriza.

> É importante ressalvar que Pedro não está proibindo as esposas cristãs de cuidar de sua aparência... O argumento usado é frequentemente baseado nas palavras de Pedro. Mas notemos que Pedro não está passando uma proibição absoluta quanto aos ornamentos, mas dizendo que elas não deveriam ficar bonitas *somente* ou *exclusivamente* usando enfeites, penteados exagerados, joias ou vestidos caros. Deveriam dar atenção principalmente à beleza interior... A deferência da esposa cristã diante do marido descrente pode ser demonstrada pela maneira pela qual ela se veste, não para impressioná-lo ou persuadi-lo pela vestimenta sensual, mas ganhá-lo pela crescente apreciação do espírito dela.[7]

Mais uma vez descobrimos que Deus não quer submissão "da boca para fora", mas brotando do interior de um coração transformado por Jesus. E esse coração há de transformar o marido que talvez nem conheça a Jesus.

Na cultura da época, assim como hoje, as mulheres foram tentadas a supervalorizar a aparência física e dar pouca ou nenhuma atenção ao que tinha de mais valor — o espírito manso e tranquilo. Ironicamente Pedro destaca "o *homem* interior do coração" da mulher! A palavra "interior" significa literalmente "escondido". Embora não tão visível como cosméticos e roupas elegantes, a beleza de um caráter submisso atrai todos, a começar pelo próprio marido. No entanto, seu real valor somente é percebido pelo próprio Deus que sempre vê o interior (1Samuel 16). O apóstolo Paulo ecoa essa mesma ideia em 1Timóteo 2:9-10:

> Da mesma sorte, que as mulheres, em traje decente, se ataviem com modéstia e bom senso, não com cabeleira frisada e com ouro, ou pérolas, ou vestuário dispendioso, porém com boas obras (como é próprio às mulheres que professam ser piedosas).

A beleza interior é "incorruptível". Pedro contrasta aquilo que desaparece com o tempo — a beleza física — com aquilo que permanece para sempre — a nobreza de caráter.

---

[7] LOPES; LOPES. *A Bíblia e sua família*, p. 73.

Em seu livro *Design divino,* as autoras Mary Kassian e Nancy Leigh DeMoss captam o sentimento do texto:

> Na hora da verdade, porém, a mulher controladora, intransigente, espalhafatosa, alvoroçada, desbocada, obstinada e grosseira não é bonita nem feminina, não importa a beleza de seu físico. Contudo a mulher cuja beleza vem de dentro, a mulher que traja a beleza da santidade e aceita o design de Deus para ela ... UAU! Mesmo que não tenha o rosto nem o corpo de uma top modelo, ela é extremamente bela e preciosa aos olhos de Deus.[8]

Ironicamente, o Apóstolo Paulo usa a mesma figura em Efésios 5:26,27 quando fala do papel do marido na santificação da esposa — para que ela não tenha manchas ou rugas "espirituais".

> As pessoas que fazem da sua beleza exterior a razão da sua existência, terão uma velhice vazia, arrasada, angustiada, deprimida e sem sentido... O problema das que querem cuidar mais do exterior é que elas pensam que a primeira pessoa que elas devem agradar são os homens... Porém, o mais importante é agradar a Deus com a sua beleza interior.[9]

A mulher de honra possui um espírito "manso e tranquilo". As palavras descrevem alguém bem diferente que a mulher barulhenta e ousada, por exemplo, de Provérbios 7:11,12: Ela é "apaixonada e inquieta, cujos pés não param em casa; ora está nas ruas, ora, nas praças, espreitando por todos os cantos". "Manso" não sugere que ela seja uma mulher fraca, tímida ou pacata. Descreve alguém forte, mas moderada, capaz, mas humilde. O próprio Senhor Jesus era "manso e humilde" (Mateus 11:29) e sabemos que Moisés, poderoso líder do povo de Israel, foi o homem mais manso na face da Terra (Números 12:3).

"Tranquilo" traduz uma palavra que só foi usada duas vezes no Novo Testamento — na descrição da mulher submissa aqui em 1Pedro 3 e no texto de 1Timóteo 2:1,2: "Antes de tudo, pois, exorto que se use a prática de súplicas [...] em favor dos reis e de todos os que se acham investidos

---

[8] KASSIAN; DEMOSS. *Design divino,* p. 182.
[9] LOPES; LOPES. *A Bíblia e sua família,* p. 74,75.

de autoridade, para que vivamos vida *tranquila* e mansa, com toda piedade e respeito." A ideia da palavra é de alguém não tumultuoso ou encrenqueiro, mas pacífico.

É importante ressaltar que o que Pedro destaca aqui não é uma questão de temperamento. Uma mulher extrovertida, dinâmica, talentosa e com dons de falar também pode exemplificar um espírito manso e tranquilo na maneira como ela trata o marido e os filhos e se comporta na comunidade. Ela traça características do fruto do espírito: paz, mansidão e domínio próprio.

O ponto alto de todo o parágrafo está na descrição do valor atribuído a essa mulher pelo próprio Deus. Deus a considera "de grande valor". A palavra foi usada em Mateus 13:46 para descrever a pérola de qualidade e valor excepcionais, e da fé provada que é mais valiosa do que ouro (1Pedro 1:7). O que fica claro é que, mesmo se alguns homens não valorizem uma mulher mansa e tranquila, Deus sempre a considera digna de imenso valor e honra.

PARA REFLETIR E COMPARTILHAR

À luz do texto, a mulher pode gastar tempo, energia e recursos para ter uma aparência bela? Até que ponto isso é válido? Quando ultrapassa a linha da vaidade e constitui "temor aos homens"?

Como uma mulher que é por natureza dinâmica, extrovertida e com dons de falar pode demonstrar um espírito manso e tranquilo? Ela precisa anular sua personalidade?

4. A ilustração: mulheres como Sara (3:5,6)

Pois foi assim também que a si mesmas se ataviaram, outrora, as santas mulheres que esperavam em Deus, estando submissas a seu próprio marido, como fazia Sara, que obedeceu a Abraão, chamando-lhe senhor, da qual vós vos tornastes filhas, praticando o bem e não temendo perturbação alguma (1Pedro 3:5,6).

A conclusão do texto fornece uma ilustração baseada em uma das mulheres mais respeitadas na história de Israel — Sara, esposa de Abraão.

Pedro invoca a história dela para fechar seu argumento com um exemplo prático de como beleza interior pode manifestar-se em submissão honrosa. E ele cita uma mulher conhecida pela sua beleza tanto externa como interna (veja Gênesis 12:11). É possível ser bonita por dentro e fora!

Nessa simples ilustração, Pedro cita não menos de sete características que descrevem mulheres com beleza interior. Elas se "ataviaram", ou seja, "se enfeitaram" não tanto com adereços externos, mas com submissão aos próprios maridos:

- Santidade
- Fé ("esperavam em Deus")
- Submissão
- Obediência
- Respeito ("chamando-lhe senhor")
- Boas obras ("praticando o bem")
- Coragem ("não temendo perturbação alguma")

Os versículos 5 e 6 têm criado certa confusão. Dizem que Sara obedeceu a Abraão, "chamando-lhe senhor". Talvez para alguns pareça machismo puro. Imagine — chamar o marido de "senhor"! É mais que provável que uma mulher que hoje chama seu marido de "mestre" ou "senhor" provocaria uma resposta contrária ao que o texto deseja, que é de atrair descrentes (especialmente o marido) para a fé.[10] O ponto do texto, porém, é o espírito de humildade que caracterizava Sara, uma mulher formosa não somente por fora, mas por dentro também. Pelo menos duas vezes ela sofreu alguma injustiça por causa do seu marido desobediente (Gênesis 12, 20), algo que seria um ótimo exemplo para as leitoras da carta.

O que é fascinante no texto é o fato de que Pedro cita Gênesis 18:12, que diz, "Riu-se, pois, Sara, no seu íntimo, dizendo consigo mesma, 'Depois de velha, e velho também *o meu senhor*, terei ainda prazer?'". O texto se refere a um momento em que Sara estava falando consigo mesma, e não para Abraão. Ou seja, ela honrava a Abraão (e se submeteu a ele) mesmo quando ele estava ausente.

---

[10] GLAHN, Sandra. "Weaker Vessels and Calling Husbands 'Lord': Was Peter Insulting Wives?". *Bibliotheca Sacra*, 174:693 (Jan-Mar 2017): Dallas, Tx, p. 72.

A mulher não precisa chamar seu marido de "senhor" para ser filha de Sara. O ponto da ilustração não é o fato de que ela usa a palavra "senhor", mas a atitude demonstrada. Sara respeitava Abraão, mesmo tendo ele vacilado em sua fé mais de uma vez, ora mentindo que ela era sua irmã (Gênesis 12), ora dormindo com a serva da sua esposa (Gênesis 16) e ora mentindo de novo (Gênesis 20). Mesmo quando ele obedeceu a Deus, saindo de repente de Ur para um lugar desconhecido (Gênesis 12) ou oferecendo Isaque como sacrifício (Gênesis 22), Sara deve ter pensado que seu marido tivesse enlouquecido. Certamente Abraão não era um marido perfeito. Mesmo assim, Sara se submetia a ele, como ato de obediência ao Senhor.

Mulheres que demonstram respeito pelo marido mesmo na ausência dele revelam atitudes de honra e submissão na esfera do coração — algo de extremo valor diante de Deus. Infelizmente, mesmo entre as mulheres que conseguem aparentar submissão e respeito na presença dos seus maridos, muitas vezes revelam corações magoados e rebeldes pela maneira como se referem ao marido na ausência dele.

PARA REFLETIR E COMPARTILHAR

A atitude submissa de Sara foi uma atitude de coração E de comportamento. Quais são maneiras internas e externas por meio das quais uma esposa cristã pode demonstrar o mesmo espírito submisso de Sara?

Para ser uma mulher como Sara, a esposa precisa de transformação interior, de modo que suas atitudes (mesmo na ausência do marido) reflitam o caráter de Cristo. Como nós, mulheres, podemos cultivar atitudes de amor e respeito para com nossos maridos?

CONCLUSÃO

Basta salientar que só Jesus é capaz de produzir as características sobrenaturais de submissão verdadeira na mulher. Mesmo diante de um marido incrédulo e talvez hostil ao Evangelho, a vida de Jesus pode se manifestar na esposa cristã. "É somente através da fé em Cristo Jesus, por meio do novo nascimento pelo Espírito Santo, pelo poder de Deus em nosso coração que podemos viver o padrão bíblico para o casamento".[11]

Slaughter conclui:

> Submissão coerente com o caráter de Deus significa que a esposa não deve ser cúmplice de pedidos impiedosos feitos pelo marido. É uma questão grave a mulher ao menos cogitar a possibilidade de não se submeter ao marido. Porém, em inúmeros exemplos nas Escrituras,[12] Deus aprovou aqueles que recusaram obedecer a homens quando isso significava desobedecer a Deus. No fim, existe uma autoridade mais alta do que pessoas, ou seja, o próprio Senhor. Segue, então, que a autoridade do marido sobre a mulher está limitada. Ela não é responsável por se submeter ao marido se isso significa desobedecer a Deus, por exemplo, renunciando a Cristo ou cometendo um ato imoral. Pecar em obediência ao marido seria desobedecer a Cristo, a autoridade maior. Fazendo assim, ela violaria a ordem que Pedro deu antes, de ser santo como Deus é santo (1:15).[13]

Contudo, em situações corriqueiras, a transformação interna feita pelo Espírito de Deus e que produz o fruto do Espírito (leia-se: a vida de Jesus) faz com que a mulher temente a Deus reflita essas características e seja grandemente honrada por Deus, se não pelos homens. E se Deus assim permitir, pode até ganhar o marido incrédulo para Cristo como fruto da sua atitude sobrenatural.

> **A GRANDE IDEIA**
>
> A esposa cristã submete-se ao seu próprio marido, mesmo que ele não seja cristão, como expressão de beleza interior de grande valor perante Deus.

---

[11] LOPES; LOPES. *A Bíblia e sua família*, p. 77.
[12] Veja: Êxodo 1:15-22; Deuteronômio 3, 6; Atos 5:17-32.
[13] SLAUGHTER, "Submission", p. 73,74.

Parte II:

A **CONDUTA** DE MULHERES PARECIDAS COM JESUS

9 Mulheres que ouvem e praticam a Palavra

Durante a Segunda Guerra Mundial, nos dias terríveis em que a Alemanha bombardeava Londres, conta-se que um pai saiu correndo de um prédio que fora atingido por uma bomba. Ele segurava a mão do seu filhinho que o acompanhava. Procurando rapidamente algum lugar para se esconder, o pai viu um buraco fundo e pulou. De dentro do buraco, com os braços abertos, pediu para o filho segui-lo. Com muito medo, mas ouvindo a voz do seu pai insistindo que ele pulasse, o menino respondeu, "Não consigo te ver!" O pai olhando de baixo no escuro, vendo a silhueta do filho respondeu, "Mas eu te vejo. Pule!". Sabendo que o pai o amava, confiou nele e então pulou no escuro. O pai o pegou e segurou são e salvo.

Ouvimos muitas vozes todos os dias. Algumas são conhecidas, de pessoas que amamos e em quem confiamos o suficiente para segui-los. Outras nem tanto. A pergunta é: qual a voz que vamos ouvir e seguir?

Em algum momento você já reparou na ênfase que a Bíblia dá para ouvirmos a Palavra? Várias vezes Jesus falou, "Se alguém tem ouvidos para ouvir, ouça!" Ouvir o que Deus tem para nos falar é muito importante. Ouvir de forma clara e saber o que realmente Ele nos diz é necessário para sermos mais parecidas com Cristo.

A falta de ouvir e entender a Palavra de Deus nos conduz à incredulidade. Por não crermos realmente, não confiamos o suficiente e não obedecemos completamente.

Sempre achei a ordem de Jesus "Aquele que tem ouvidos para ouvir, ouça" meio engraçada. Eu me lembro da primeira vez que ouvi esse versículo. Eu era criança, e em família estávamos estudando o Evangelho de Marcos. Eu não estava prestando muita atenção enquanto cada pessoa lia um versículo. E esse era o versículo que o meu pai leu. Como eu estava distraída, me assustei ao ouvir a frase, pois pensei que meu pai estivesse chamando a minha atenção! Também achei cômico, já que quase todos nós temos ouvidos! Perguntei para o meu pai porque ele falou aquilo e então me entreguei, pois eu não sabia que era um versículo da Bíblia!

Como é fácil nos distrair! Quantas vezes na Bíblia Deus, de diferentes formas, dá ordem para ouvirmos o que Ele fala! Entendo a necessidade dessas exortações, porque muitas vezes enquanto leio a Bíblia já me pego pensando em outros assuntos e não prestando atenção ao que Deus tem para me dizer. Nesses casos, eu tinha de voltar e ler tudo de novo.

Deus sabe que somos fracas, que perdemos o foco regularmente. Então Ele nos adverte a prestarmos atenção e ouvir a sua Palavra. Até ouvimos algumas vozes, mas de forma equivocada, ao ponto de agirmos de forma incoerente por entendermos mal.

Já aconteceu com você de não ouvir algo corretamente e tirar uma conclusão errada pelo que achou que ouviu? Eu não ouço tão nitidamente quanto ouvia quando era mais jovem, e às vezes é engraçado (e também frustrante) quando o meu marido está em outro cômodo da casa e me faz uma pergunta. A minha resposta faz sentido para mim pelo que "ouvi" mas não faz sentido nenhum para ele!

Quando se trata da Palavra de Deus, duas possíveis causas da surdez espiritual se destacam:

1) Autossuficiência. Durante a infância, adolescência, juventude e parte da vida adulta, eu não sentia a necessidade de ouvir, pois desde muito cedo eu tinha ouvido a Palavra de Deus. Eu já sabia tudo ou pensava saber. Não tinha novidade para mim. O problema, no entanto, não estava com a Palavra, mas comigo. Eu era, e às vezes ainda sou, muito autossuficiente. Eu não conhecia a verdadeira natureza do meu coração. Eu estava doente, mas não sabia. (Conto o meu testemunho com mais detalhes no capítulo 10, "Mulheres que refletem Jesus"). Assim como um bebê sem apetite, eu estava doente. Eu precisava compreender a profunda carência em meu coração para ter fome da Palavra:

> Como crianças recém-nascidas, desejem de coração o leite espiritual puro, para que por meio dele cresçam para a salvação, agora que provaram que o Senhor é bom (1Pedro 2:2,3 – NVI).

2) Farisaísmo. Talvez o seu problema seja outro. Você até ouve muito da Palavra, gosta de aprender, mas fica apenas nisso. Sabe muito, mas pratica pouco. A Palavra entra na sua cabeça, mas não desce até o coração e não vaza pelas suas mãos.

Os fariseus tinham grande conhecimento, mas isso não afetava a maneira deles de viver. Essa atitude é como fazer um exame de raio-X ou uma ressonância magnética e apenas olhar o diagnóstico, sem tomar as medidas indicadas pela equipe médica para resolver o problema. Tiago trata desse problema com outra ilustração, a do espelho:

> Sejam praticantes da palavra, e não apenas ouvintes, enganando-se a si mesmos. Aquele que ouve a palavra, mas não a põe em prática, é semelhante a um homem que olha a sua face num espelho e, depois de olhar para si mesmo, sai e logo esquece a sua aparência. Mas o homem que observa atentamente a lei perfeita, que traz a liberdade, e persevera na prática dessa lei, não esquecendo o que ouviu mas praticando-o, será feliz naquilo que fizer (Tiago 1:22-25).

> **PARA REFLETIR E COMPARTILHAR**
>
> Você se identifica mais com a primeira ou a segunda possível causa da surdez espiritual?
>
> Planeje momentos de melhor proveito da Palavra de Deus. Você se dedica a outras atividades diárias quando poderia ouvir mais da Bíblia?

No Evangelho de Marcos, Jesus falou duas vezes "Se alguém tem ouvidos para ouvir, ouça" (4:9,23). Ambos os versículos vêm logo após uma parábola que Jesus contava para ensinar algo importante, mas que exigia atenção e compreensão para ser compreendida. No capítulo 8, versículo 18, Jesus novamente diz, "Tendo olhos, não vedes? E, tendo ouvidos, não ouvis?". O que está acontecendo?

Em Marcos 8:1-10, vemos Jesus alimentando uma grande multidão pela segunda vez, com apenas alguns pães e pedaços de peixe. A fome de todos foi saciada, então Jesus se despediu do povo e foi para uma outra região. Logo em seguida, alguns fariseus se aproximam de Jesus e pedem um sinal do céu mais convincente do que os milagres já feitos, a fim de que Ele comprovasse sua própria divindade. Jesus suspirou profundamente e negou-lhes o sinal, pois o pedido era fruto da incredulidade e hipocrisia.

Na cena seguinte, vemos Jesus num barco com os discípulos.

> Ora, aconteceu que eles se esqueceram de levar pães e, no barco, não tinham consigo senão um só. Preveniu-os Jesus, dizendo: Vede, guardai-vos do fermento dos fariseus e do fermento de Herodes. E eles discorriam entre si: É que não temos pão. Jesus, percebendo-o, lhes perguntou: Por que discorreis sobre o não terdes pão? Ainda não considerastes, nem compreendestes? Tendes o coração endurecido? Tendo olhos, não vedes? E, tendo ouvidos, não ouvis? Não vos lembrais de quando parti os cinco pães para os cinco mil, quantos cestos cheios de pedaços recolhestes? Responderam eles: Doze! E de quando parti os sete pães para os quatro mil, quantos cestos cheios de pedaços recolhestes? Responderam: Sete! Ao que lhes disse Jesus: Não compreendeis ainda? (Marcos 8:14-21).

O que seria o "fermento dos fariseus e o fermento de Herodes"? No Novo Testamento, fermento geralmente simboliza maldade e corrupção. A ideia é de algo pequeno que contamina algo maior, como pouco fermento leveda a massa toda do pão. Nesse contexto, refere-se à incredulidade dos fariseus e de Herodes; eles insistiam que Jesus desse um sinal para provar a sua autoridade divina. Jesus adverte os seus discípulos, mas eles pensam que a bronca é por terem esquecido de levar pão!

Sabendo da conversa entre seus seguidores, Jesus lhes pergunta, "Por que vocês estão discutindo sobre não terem pão? Ainda não compreendem nem percebem? O coração de vocês está endurecido? Vocês têm olhos, mas não veem? Têm ouvidos, mas não ouvem?" (NVI). Ele então traz à memória as duas vezes em que havia alimentado grandes multidões com pouquíssimos recursos. Jesus não estava preocupado com a falta de pão, mas sim com os corações endurecidos e a falta de entendimento. A falta de pão era o suficiente para os discípulos deixarem de crer.

Jesus nos adverte contra a incredulidade — algo que afeta todas nós. Certamente os fariseus e Herodes sofriam de incredulidade. Viram e ouviram a respeito de inúmeros milagres que Jesus havia feito, mas em vez de crer no que os olhos viram e no que os ouvidos ouviram, continuamente pediram algum sinal do céu. Que mais eles queriam? Para eles, a incredulidade era insuperável.

Nesse momento, portanto, Jesus estava mais preocupado com os discípulos, seus amigos chegados, pois estavam caindo na mesma armadilha. A incredulidade é algo sutil, que pega aos poucos, quase que imperceptivelmente.

Meros sinais não são suficientes para abrir os olhos e ouvidos de quem não crê. Você se lembra da história de Gideão quando ele pediu vários sinais, pois não cria no que Deus tinha prometido para ele (Juízes 6:33-40)? Precisamos de um milagre de transformação, que vem pela fé, não de mais um sinal. O interessante é que o próximo milagre no relato de Marcos é a cura de um homem cego, um símbolo da cegueira espiritual que só Jesus pode curar.

Continuando no mesmo capítulo, após curar o cego e mandá-lo para casa, Jesus e os seus discípulos dirigiram-se para outros povoados. No caminho, Ele pergunta: "Quem o povo diz que eu sou?". Deram várias respostas. Então Jesus pergunta: "E vocês? Quem vocês dizem que eu sou?". Nessa altura, entendemos que pelo menos um dos discípulos realmente "viu" e "ouviu"; os olhos dele foram abertos; tinha olhos para ver e ouvidos para ouvir. Pedro prontamente respondeu, "Tu és o Cristo".

Existem momentos em nossas vidas nos quais ouvimos claramente e enxergamos nitidamente. Isso acontece quando dependemos totalmente de Deus, cremos no que Ele já falou e agimos de forma coerente com o que ouvimos. Confiamos completamente nele, e Ele, então, nos dá paz e segurança. No entanto, somos tão inconstantes que pouco tempo depois deixamos de depender de Deus e confiamos mais em nós mesmas; ficamos ansiosas e perdemos a capacidade de ouvir e enxergar bem. São nessas horas que pedimos algum sinal para confirmar o caminho em que estamos e então nos tornamos como os fariseus.

> **PARA REFLETIR E COMPARTILHAR**
>
> Você tende a dar mais importância aos princípios da Bíblia ou para "sinais" como circunstâncias, sentimentos ou emoções?
>
> Quais os fatores que dificultam ou distraem a sua atenção para não dar ouvidos ao que Deus diz em sua Palavra? Como vencer esses fatores?

Podemos comparar dois discípulos de Jesus que andaram juntos durante três anos, ouvindo as mesmas lições, vendo os mesmos milagres e passando pelas mesmas experiências. No entanto, a atitude, o comportamento e o final deles foram muito diferentes. Vamos comparar a fé de Pedro com a incredulidade de Judas.

1. A fé de Pedro

Quem cresceu na igreja ou leu histórias da Bíblia certamente conhece Pedro. É o discípulo de Jesus mais espontâneo, que sempre tinha algo a dizer. Foi um homem com muitos altos e baixos, um pescador que Jesus chamou junto com o seu irmão André para segui-lo.

Pedro fazia parte do círculo mais íntimo de Jesus, junto com Tiago e João. Quando os discípulos enfrentaram uma tempestade tentando atravessar o mar, Jesus andou sobre as águas ao seu encontro. Todos ficaram aterrorizados, mas Pedro pediu que Jesus o chamasse para andar junto com Ele. Lembramos da parte da história em que Pedro ficou com medo e começou a afundar, mas ele foi o único que teve a coragem de pisar na água!

Foi Pedro quem declarou que Jesus era o Cristo, mas logo em seguida, quando Jesus predisse a sua própria morte, Pedro o repreendeu, tornando-se uma pedra de tropeço! A história mais triste sobre Pedro foi quando Jesus o advertiu, dizendo que ele iria negá-lo três vezes, e isso realmente aconteceu. Depois da ressurreição de Cristo, enquanto os discípulos aguardavam Jesus na Galileia, Pedro decidiu voltar a pescar, e os outros o acompanharam. Não pegaram absolutamente nada. Contudo, pela manhã, quando voltavam para a praia, um homem perguntou se tinham pegado algum peixe. Respondendo que não, ele pediu para lançar a rede do outro lado do barco e de repente a rede estava cheia de peixes. Nisso, Pedro reconheceu que era Jesus na praia, pulou do barco e foi ao encontro dele. Jesus encorajou o seu discípulo e também lhe deu a tarefa de alimentar e cuidar das suas ovelhas.

O Novo Testamento relata muitos episódios da vida de Pedro — ele questionava muito, mas parece que realmente buscava aprender. No final, o discípulo que temia muito os homens se tornou um pregador corajoso que foi grandemente usado por Deus para ganhar muitas almas. Finalmente os seus ouvidos realmente ouviram e entenderam o que Jesus tanto ensinava.

PARA REFLETIR E COMPARTILHAR

Faça uma rápida lista de palavras que descrevem características positivas e negativas de Pedro. Existem algumas semelhanças entre a sua vida e a do Pedro? Quais seriam? Em que áreas você precisa mudar? Onde precisa continuar crescendo?

Todas nós passamos altos e baixos em nossa fé, assim como Pedro. O que podemos aprender com a experiência dele?

2. A incredulidade de Judas

Também conhecemos a história de Judas, o discípulo que traiu Jesus. Judas foi um dos doze discípulos, os seguidores mais chegados a Jesus. Judas participou quando foram enviados em duplas para proclamarem o Reino de Deus e curarem os enfermos. Era uma pessoa em quem os outros confiavam, inclusive cuidava do dinheiro deles.

Judas passou pelas mesmas experiências que Pedro, perto do Mestre, ouvindo as mesmas palavras, mas, por alguma razão, a mensagem de Cristo, as lições ensinadas e o convívio não o transformaram como aconteceu com os outros onze. A Bíblia não nos conta exatamente por que Judas se dispôs a trair Jesus. Poderia ter sido por decepção, afinal, Jesus não era o tipo de Messias que a maioria esperava; poderia ter sido o amor ao dinheiro que o levou a trai-lo. O que sabemos é que Judas era amado, uma pessoa íntima de Jesus, que ouviu e viu tudo o que os outros ouviram e viram, mas não foi transformado pelo que ouviu e viu. Após a traição, sabemos que Judas entendeu que havia entregue alguém inocente, mas era tarde demais. Então resolveu tirar a sua própria vida.

Pedro e Judas eram dois homens com as mesmas oportunidades, mas com histórias tão diferentes! Reflita em algumas das semelhanças e diferenças entre eles:

Semelhanças:

- Os dois foram discípulos de Jesus.
- Ambos foram advertidos antes de pecarem.
- Cumpriram profecias do Velho Testamento pelas suas ações.
- Sentiram remorso pelo que fizeram.

Diferenças:

- Um traiu de forma sutil, com um beijo, sinal de amizade e intimidade. O outro traiu Jesus de forma escancarada, jurando e se amaldiçoando, dizendo que não conhecia a Cristo.
- Judas se passou por amigo (beijando Jesus), mas era inimigo; Pedro, com a força com que negou Jesus parecia um inimigo, mas era um amigo que o amava muito.

Pedro e Judas foram traidores. A diferença maior entre eles é que Judas apenas sentiu remorso e acabou com a sua própria vida. Pedro se arrependeu e foi restaurado por Jesus. 2Coríntios 7:10 diz: "A tristeza segundo Deus não produz remorso, mas sim um arrependimento que leva à salvação, e a tristeza segundo o mundo produz morte". Há muita diferença entre alguém que realmente ouve e crê ao ponto de deixar o Espírito Santo transformar sua vida, e uma outra pessoa que apenas ouve, mas não é transformada. A verdade é que todas nós traímos Jesus em algum momento ou outro.

> **PARA REFLETIR E COMPARTILHAR**
>
> Que tipo de traidora você é? Aquela que ouve, crê, se arrepende e volta a obedecer ao Mestre? Ou a pessoa que ouve, mas acha que sabe mais do que o Criador, faz tudo do seu jeito e anda no caminho que produz morte?
>
> Quais são algumas das maneiras pelas quais nós também traímos a Jesus?

3. A nossa resposta

É fácil criticarmos esses personagens antigos da Bíblia, mas muitas vezes somos iguais a eles. Quantas vezes pedimos um sinal, como os fariseus pediram, algo externo para nos dar segurança, ao invés de confiarmos plenamente no que Deus já nos falou? Jesus ensinou que se uma pessoa não ouve a lei e os profetas (a Palavra de Deus), mesmo se alguém ressuscitasse dos mortos, ela não seria convencida (Lucas16:31). E foi exatamente o que aconteceu: Jesus morreu e ressuscitou, foi visto por muitos, mas eles não foram convencidos. O fermento dos fariseus e de Herodes, a incredulidade, é muito mais sutil e perigoso do que imaginamos, e todas nós somos suscetíveis a ele.

Você se lembra da história do povo de Israel, escravizado no Egito? Deus ouviu o clamor deles e enviou Moisés para os libertar. Deus advertiu a Moisés que faria muitos sinais e destruiria a nação do Egito, mas mesmo assim Faraó não se renderia. Deus então enviou dez pragas e acabou com a nação, sinais que apenas um Deus todo-poderoso poderia fazer, mas mesmo assim, Faraó endureceu o seu coração e não creu em Deus vez após vez.

Um sinal não é suficiente para combater a incredulidade. Apenas o milagre de mudança de coração por meio da obra do Espírito Santo é capaz de transformar uma vida. Ao estudar a Palavra de Deus, ouvir uma pregação ou ler um livro devocional, preste atenção e ouça. Romanos 10:17 diz que "a fé vem pela pregação, e a pregação, pela palavra de Cristo". Se Deus ensina um princípio, promete algo ou nos desafia a crescer em alguma área, devemos crer o suficiente para tomar a ação devida. A Bíblia registra muito mais erros de Pedro do que de Judas, mas a diferença está no arrependimento de Pedro e em seu desejo de aprender e crescer.

Tenho percebido que, infelizmente, somos muito parecidas com os fariseus. Ouvimos o que Deus tem para nos dizer, mas paramos por aí. Obedecer ao que a Bíblia pede demonstra se amamos Jesus ou não, porém muito do que Deus fala vai totalmente contra a cultura (João 14:21). O desafio: que voz ouviremos, a voz do mundo ou a voz de Deus?

O mundo diz:	Deus diz:
Satisfaça seus desejos sexuais.	Beba a água da própria cisterna (satisfaça-se no casamento).
O homem é basicamente bom.	Não há ninguém justo.
Educação é a reposta para tudo.	O temor do Senhor é o início do saber.
Deixe a criança achar seu caminho.	Ensina a criança no caminho do Senhor.
Cada um escolhe seu gênero.	Deus criou homem e mulher.
O objetivo da vida é a felicidade.	O objetivo da vida é a santidade e a glória de Deus.

Quando aprendemos princípios novos na Bíblia que vão contra a cultura ou que são diferentes do que sempre pensamos, somos tentadas a pedir que Deus nos mostre de uma forma sobrenatural se é isso mesmo o que Ele quer. Exigimos um sinal, pois as palavras da Bíblia não nos convencem. Quando agimos assim, quando as palavras de Deus registradas na Bíblia não são suficientes, é sinal de que fomos contaminadas pelo fermento dos fariseus.

Você já participou daquela brincadeira em que uma pessoa com os olhos vendados precisa passar por um caminho com obstáculos? Ela tem um companheiro que dá instruções e se ela prestar atenção e seguir exatamente o que ele fala, conseguirá fazer o percurso sem tropeçar nos obstáculos. Por outro lado, se não ouvir bem, se for distraída com outras vozes ou barulho, ou se seguir orientações de alguém de outro time, com certeza irá tropeçar e sair do caminho.

A Bíblia nos ensina que Jesus é o caminho (João 14:6). Esse caminho muitas vezes não é fácil nem popular e às vezes parece ser sem sentido. Tentamos seguir Jesus, mas existem muitas distrações. Ficamos cercados de propagandas falando de outros caminhos mais fáceis, confortáveis e atraentes. Somos tentadas a sair do caminho, pegar atalhos, "dar um jeito" ou nos desviar, afinal, os tempos mudaram e o caminho do Senhor parece ultrapassado. Mesmo com todos os desafios e dificuldades que temos, Jesus é o único caminho seguro. Todos os outros nos levam à desilusão, a consequências indesejáveis e podem culminar na morte.

Temos inúmeras fontes para ouvir a Palavra de Deus, além das muitas oportunidades na Igreja, como *podcasts*, canais de YouTube, boa literatura, cursos bíblicos on-line, presenciais e muito mais. Como famílias podemos, separar um tempo diário ou semanal para estudar a Bíblia juntos. Conheço a luta de achar um espaço nas agendas tão cheias para investir um tempo individual, por menor que seja, lendo a Palavra, fazendo uma devocional pessoal e ouvindo o que Deus tem para nos falar. E por não ouvir, colhemos o fruto da incredulidade, que leva à desconfiança e culmina na desobediência.

PARA REFLETIR E COMPARTILHAR

Como você reage diante do que o mundo diz e do que Deus fala?

Em quais áreas você sente mais dificuldades em crer no que Deus diz?

Para concluir, vamos examinar como podemos ser ouvintes e praticantes da Palavra e assim evitarmos o fermento dos fariseus.

A. Vida pessoal

Sabemos da importância de ter comunhão com Deus — lendo a Bíblia, orando, praticando as disciplinas espirituais que revelam nosso coração e nos aproximam de Deus. É o básico, a alimentação diária. Também podemos ser criativas em nos banhar com a Palavra de Deus de outras formas, sempre atentos para não ficar apenas no ouvir:

- Ouvir a Bíblia em áudio no carro ou em transporte público.
- Escutar *podcasts* e mensagens que explicam e aplicam textos bíblicos durante os cuidados da casa.
- Escutar, tocar e cantar músicas de louvor enquanto os filhos brincam.
- Cultivar a prática de orar sempre, pedindo por sabedoria.
- Postar textos bíblicos em lugares visíveis, com textos que desafiam à prática da Palavra.
- Ler livros que ajudam a aprofundar a compreensão das Escrituras.
- Deixar a Palavra de Deus ditar quais serão os seus pensamentos (guardar o coração de pensamentos maus), quais as palavras que usará (apenas aquelas que agradam a Deus), o que colocará diante dos olhos (aquilo que é puro) e aonde irá (caminhar apenas no caminho traçado por Deus).

B. Vida conjugal

- Priorizar um tempo devocional juntos. Conversar como casal, criando alvos e objetivos de mudança e crescimento.
- Conversar sobre lições aprendidas no tempo particular.
- Após o culto na igreja, compartilhar um com o outro algo que os impactou ou desafiou à mudança.

C. Vida em família

- Fazer um culto doméstico envolvendo todos da família, focando tanto no conhecimento bíblico como na aplicação.

- Aproveitar todas as oportunidades para ensinar princípios da Palavra de Deus.
- Ao redor da mesa, pedir que cada um compartilhe algum desafio que enfrenta ou uma bênção que Deus deu, bem como ter um tempo orando juntos, suplicando e adorando a Deus.

PARA REFLETIR E COMPARTILHAR

Em que área o desafio é maior para ser ouvinte e praticante da Palavra de Deus? Vida pessoal, conjugal ou familiar?

Escolha uma área na qual, nesta próxima semana, você buscará depender de Deus para o transformar. Compartilhe esse objetivo com alguém para ter uma prestação de contas.

CONCLUSÃO

Existem muitas vozes clamando pela nossa atenção. Satanás não quer que prestemos atenção à voz de Deus, que nos guia com segurança e amor no caminho que traz vida. Deus quer o nosso bem; Satanás quer a nossa morte. Lembre-se da diferença entre Pedro e Judas e o fim de ambos. Ao ouvir a voz de Deus, busque entender, confiar e obedecer, ficando segura no caminho de Jesus, que leva à vida eterna. Quem tem ouvidos para ouvir, ouça!

A GRANDE IDEIA

Por não crermos realmente, não confiamos o suficiente e não obedecemos completamente.
(A falta de ouvir e entender a Palavra de Deus nos conduz à incredulidade.)

10 | Mulheres que refletem a Jesus

O QUE VOCÊ VÊ QUANDO olha no espelho? Você vê alguém que se arrumou para sair trabalhar, ir à igreja ou passear? Ou você vê olhos vermelhos por ter passado a noite em claro segurando um filho doente? Ou as rugas que sinalizam os anos que passaram? Ou os quilos a mais que nenhum regime até agora conseguiu tirar?

Bons espelhos nos ajudam porque nos mostram como realmente somos. Vemos se a nossa roupa está manchada, se o rosto tem sujeira ou se o cabelo está bagunçado. É bom porque podemos ver o que tem de errado e então consertá-lo.

No entanto, muitas vezes, gostaríamos que o espelho não fosse *tão* honesto. Preferiríamos não ver as espinhas, os quilos a mais, as rugas, as estrias, o cabelo branco ou qualquer outra coisa que nos desanima. Na maioria das vezes em que olho no espelho, estou tentando verificar se tive sucesso em cobrir o que eu vejo como imperfeições.

Eu foco no exterior. Então terei uma de duas reações: sentirei satisfação porque tudo está em ordem, ou ficarei frustrada porque a roupa realmente me deixa gorda ou enfatiza algo que eu gostaria de esconder.

Eu não me lembro de nenhuma vez em que olhei no espelho e pensei "Uau! Eu pareço tanto com Jesus!".

Espelhos focam somente no que é externo e não são capazes de mostrar o que realmente passa no meu coração. No entanto, ao nos mostrar algo externo, muitas vezes também expõe algo interno — os pensamentos e as reações diante de fatos superficiais. Esses pensamentos e reações são indicadores do quanto reflito ou não a vida de Jesus.

Como já vimos, o livro de Tiago usa a ilustração do espelho para descrever uma pessoa que ouve a Palavra de Deus, mas não a aplica em sua vida:

> Sejam praticantes da palavra, e não apenas ouvintes, enganando-se a si mesmos. Aquele que ouve a palavra, mas não a põe em prática, é semelhante a um homem que olha a sua face num espelho e, depois de olhar para si mesmo, sai e logo esquece a sua aparência. Mas o homem que observa atentamente a lei perfeita, que traz a liberdade, e persevera na prática dessa lei, não esquecendo o que ouviu, mas praticando-o, será feliz naquilo que fizer (Tiago 1:22-25 – NVI).

Pense como seria constrangedor se você visse batom no seu dente, rímel borrado, brincos que não combinassem e você não fizesse nada — fingindo que não havia nada fora do comum. Da mesma forma, é absurdo olhar no espelho da Palavra de Deus, ver áreas da nossa vida que precisam mudar e não fazer nada.

A Palavra de Deus assemelha-se a um espelho. Deus usa a sua Palavra para revelar o caráter de Jesus e então mostrar o nosso coração e as áreas que não parecem nem um pouco com Ele. Muitas vezes reagimos exatamente como diante do espelho. Preferimos não ver as nossas imperfeições, pois elas nos incomodam. Não queremos entregar a vida a Deus para nos refazer conforme a imagem de seu Filho. No entanto, o alvo continua sendo conhecer Cristo tão bem a ponto de sermos capazes de imitá-lo, ou refleti-lo, enquanto entregamos a própria vontade a Ele, deixando que Ele viva por meio de nós.

> **PARA REFLETIR E COMPARTILHAR**
>
> Você já olhou no espelho da Palavra de Deus e viu algo de que não gostou, algo que precisava ser mudado, mas disfarçou como se não tivesse visto? Você conseguiu se esquecer daquilo? Ou o Espírito de Deus continuou a incomodá-la?
>
> Qual seria uma área em que Deus está trabalhando para esculpir a imagem de Cristo em sua vida?

Neste capítulo, vamos considerar algumas imagens que ilustram a vida cristã e como Deus é glorificado quando nós refletimos seu Filho Jesus.

1. A lição do espelho da sua glória

O processo de sermos transformados à imagem de Cristo se resume no texto clássico de 2Coríntios 3:18:

E todos nós, com o rosto desvendado, contemplando, como por espelho, a glória do Senhor, somos transformados, de glória em glória, na sua própria imagem, como pelo Senhor, o Espírito.

Podemos fazer duas observações baseadas nesse versículo:

A. Devemos refletir a glória de Deus

Um espelho não pode refletir algo que não vê. Não podemos refletir a glória de Deus sem enxergar claramente quem Ele é. Assim como a Lua não consegue refletir o Sol quando não está de frente com ele, se não fitarmos a Deus em sua Palavra, não temos como imitá-lo. Quanto mais vemos Deus e o conhecemos, maior capacidade teremos de refleti-lo. Conhecemos mais Deus quando estudamos a Palavra dele, pois nela Ele se revela.

B. Precisamos ser transformadas à imagem do Filho de Deus

Ao conhecer Deus mais e mais, ficaremos cientes das áreas em nossa vida que não refletem Jesus. Precisamos deixar que Deus nos transforme à imagem de seu Filho para sermos como Ele é. Uma vez que conhecemos mais Deus, teremos a confiança necessária para obedecer àquilo que Ele ordena mesmo quando o que Ele diz não faz sentido para nós. E quanto mais obedecemos a Ele, somos transformadas à imagem dele e então refletimos Jesus.

> **PARA REFLETIR E COMPARTILHAR**
>
> Examine a sua vida. Tente identificar uma área que Deus já transformou e, por isso, se parece mais com Jesus hoje do que antigamente. Como foi o processo que Deus usou para que isso acontecesse?
>
> Agora pense em uma área que ainda precisa ser mudada. Como você sente que Deus está trabalhando para que você seja moldada para ser mais parecida com Jesus?

2. A lição da morte espiritual

Eu gostaria de contar um pouco da minha história e como Deus usou o espelho da Palavra dele para expor coisas muito feias que eu havia escondido no meu coração. Minha história ilustra o que Deus diz em Efésios 2:1-10: Todos estavam mortos em seu pecado, mas a graça de Deus nos deu vida em Cristo Jesus. Espero que seja um encorajamento para sua vida também.

Tive o grande privilégio de nascer num lar de pais cristãos, missionários totalmente dedicados a Deus e à família. Eu não poderia ter crescido num ambiente melhor. Nasci nos Estados Unidos, mas vim para o Brasil com apenas três anos de idade. Conheci a Cristo como o meu Salvador aos cinco anos e tentei ser uma filha obediente, alguém que tivesse um bom testemunho.

Com o passar dos anos, comecei a ficar inquieta. Eu nunca experimentei um período de rebeldia contra os meus pais ou a Igreja, mas também eu não sentia fome pela Palavra de Deus nem desejava passar muito tempo em oração e adoração. Eu tentava refletir a beleza de Cristo, mas sem ter o meu "espelho" totalmente virado para vê-lo. Essa falta de apetite me perturbava, pois ouvia muitos testemunhos de pessoas cujas vidas foram transformadas de forma espetacular quando conheceram a Cristo, e elas demonstravam uma paixão por Deus que estava ausente na minha vida. Comecei a questionar o porquê dessa falta.

A insatisfação cresceu mais na faculdade, nos primeiros anos do casamento e depois de retornar para o Brasil como esposa, mãe e missionária. Eu me sentia como uma casca vazia, ensinando princípios verdadeiros, mas sem sentir o poder dessas verdades. Eu queria mais. O espelho de Deus estava me mostrando que eu era uma pessoa muito superficial. Em João 10:10, Jesus prometeu uma vida abundante, mas não era o que eu estava experimentando!

Após quatro anos de investimento na vida de alunos do Seminário Bíblico Palavra de Vida, a nossa família retornou aos Estados Unidos para um período de divulgação. Tanto eu como o Davi estávamos em crise. Ambos queríamos um relacionamento mais profundo com Deus. O Davi foi ajudado e confrontado por dois pastores muito amigos que o ajudaram a ver sua autossuficiência e vida vivida pela performance em vez de pela graça. Depois, ao contar para mim o que haviam ministrado na vida dele, eu finalmente pude ver qual era o meu problema, a razão da minha insatisfação.

O meu problema basicamente foi a autossuficiência. Eu vivia (ou pelo menos me esforçava muito para viver) a vida cristã na minha própria força. Como abracei a Jesus como Salvador muito novinha, não tive uma mudança muito visível no meu comportamento. Para mim, Jesus não fazia tanta diferença no dia a dia. Com isso, a minha gratidão e apreciação por tudo que Ele havia feito por mim eram superficiais.

Durante essa conversa com o Davi, enxerguei quem eu realmente era e o quanto Deus me amava. Eu não tinha reconhecido quão ruim e miserável era o meu coração e então não compreendia a profundidade do sacrifício feito por mim. Foi então que Deus me deu uma ilustração que me ajudou a entender a minha condição, mesmo tendo sido criada num berço evangélico:

Imagine dois cadáveres. Um está debaixo do sol amazônico e logo começa a se decompor e feder. Não levará muito tempo para ficar irreconhecível. O outro corpo está no polo norte. Esse corpo não fede, não se decompõe, pois está congelado, inteirinho! No entanto, ambos estão *mortos*! Precisam do mesmo milagre para voltarem a ter vida!

Antes de abraçarmos a Cristo como nosso único Salvador, todas nós estávamos mortas, mas a morte e a ressurreição de Cristo nos ofereceram vida. Algumas pessoas foram salvas de uma vida cheia de pecados, como o corpo debaixo do sol quente. Outras tinham uma vida que até parecia ser boa, como o corpo congelado, ainda assim precisam do mesmo milagre da ressurreição. O milagre que dá vida aos corpos é igual, independentemente do estado em que se encontram. O mesmo poder que tirou uma vida de uma escravidão terrível ao pecado é o poder que guardou outra para não experimentar alguns tipos de pecados e não carregar as cicatrizes. Deus nos encontra e nos salva onde estamos.

Quando entendi que eu era tão capaz de cometer qualquer pecado, e se não cometi foi a pura graça de Deus que me protegeu disso, comecei a valorizar o amor demonstrado por mim. De repente vi a minha necessidade da graça e misericórdia de Deus. Senti fome da Palavra de Deus e um desejo de estar na presença dele. Comecei a ler a Bíblia de forma diferente, agora com desejo, como diz 1Pedro 2:2: "Desejai ardentemente, como crianças recém-nascidas, o genuíno leite espiritual, para que, por ele, vos seja dado crescimento para salvação".

Veio à minha mente, que se eu não tivesse fome de Deus, a culpa não era dele, mas minha. *Eu* estava doente. Na vida física, quando alguém não sente fome, normalmente tem algo de errado. Espiritualmente é a mesma coisa. A minha doença era a autossuficiência. Eu me achava capaz de viver a vida cristã na minha própria força. Hoje, quando vejo que estou sem fome de Deus, sei que voltei ao velho hábito da autossuficiência e preciso me arrepender.

Para refletir e compartilhar

Faça um diagnóstico da sua vida espiritual. Você normalmente sente fome da Palavra e da pessoa de Deus? Ou não faz falta se não se alimentar espiritualmente? Se você não sente esse desejo, qual seria a razão?

Qual é o perigo do legalismo quando se trata das disciplinas da vida cristã? Como que o ativismo religioso pode substituir uma fome genuína de Deus?

3. A lição da escultura

Ao nos salvar, Jesus fez uma troca: Ele tirou de nós o pecado, colocou sobre si mesmo e nos vestiu com a sua justiça. 2Coríntios 5:21 diz: "Aquele que não conheceu pecado, ele o fez pecado por nós; para que, nele, fôssemos feitos justiça".

Quando Deus olha para mim, Ele vê a justiça de Cristo! Por isso "Não há condenação para aquele que está em Cristo Jesus!" (Romanos 8:1). Não tenho como compreender tamanho amor! É maravilhoso demais!

Imagine um pedaço de granito informe, que sou eu. Quando aceito Jesus como meu Salvador, a imagem de Cristo é impressa nesse bloco. Deus, como grande Escultor, vê a imagem de Jesus presa nesse bloco. O Espírito Santo aplica o martelo da Palavra na talhadeira de circunstâncias, meu cônjuge, filhos, amigas, pastores e mentoras, para tirar tudo que não se parece com Jesus. Enquanto me submeto ao trabalho do Espírito Santo, Ele me transforma mais e mais na imagem de Cristo, tirando as lascas que não se parecem com Cristo, para que eu seja na prática o que já sou em posição.

Para refletir e compartilhar

Você consegue identificar as áreas da sua vida em que o Espírito Santo está trabalhando para tirar as lascas que não se parecem com Jesus em sua vida?

Como você reage diante da verdade de 2Coríntios 5:21? Você consegue resumir o processo pelo qual Deus forma a sua imagem em nossas vidas?

CONCLUSÃO

Deus continua me ajudando a crescer usando a Palavra dele como um espelho, para mostrar áreas da minha vida que não refletem a Jesus. Ele não me mostra tudo de uma vez, mas em amor, Ele revela aos poucos as áreas em que Ele quer trabalhar. O objetivo dele é que eu seja um espelho limpo, refletindo quem Ele é enquanto permito que Jesus viva em mim.

A minha tia, Christine Wyrtzen, que é cantora nos Estados Unidos, compôs uma música que expressa esse desejo de sermos cada vez mais parecidas com Cristo:

Imitá-lo
(Christine Wyrtzen)[1]

Preciso conhecer-te melhor
Preciso ser como Tu és
Preciso ser a tua sombra
Fazendo tudo que fazes
Andar nas tuas pegadas
Que deixas no caminho
Escolher como Tu escolherias
E dizer o que falarias.

Então deixa-me imitar-te, até que conheça tuas frases de cor
Deixa-me imitar-te, até que não consigam nos diferenciar
Deixa-me imitar-te, até que o mundo inteiro consiga ver,
Apenas um vislumbre de ti dentro de mim.

Se eu pudesse ser o teu espelho
Para que o mundo inteiro visse
Um pouco do teu amor
Cada vez que olhasse para mim.
Se eu pudesse ser um retrato,
Uma pintura na galeria
Mostraria a tua assinatura
Antes que ele saísse.

Então deixa-me imitar-te, até que conheça tuas frases de cor
Deixa-me imitar-te, até que não consigam nos diferenciar
Deixa-me imitar-te, até que o mundo inteiro consiga ver,
Apenas um vislumbre de ti dentro de mim.

> **A GRANDE IDEIA**
>
> Deus usa o espelho da Palavra dele para nos transformar à imagem de Cristo.

---

[1] WYRTZEN, Christine. *Let me Imitate You*. Usado com permissão. Disponível no Spotify.

11 | Mulheres como vasos

Conta-se a história de algo que dizem ter acontecido na Índia, sobre dois vasos de barro que eram usados para levar água de um poço até a casa do mestre. Cada manhã e cada tarde, um servo colocava as duas vasilhas penduradas em um pau e as levava até o poço, pegava a água e voltava para a casa com elas cheias. Um dos vasos conseguia chegar à casa sem vazar sequer uma gotinha de água e se orgulhava muito desse fato. O outro vaso tinha uma rachadura e até chegar à casa, já tinha vazado metade da sua água pelo caminho. Ele se sentia muito mal por não poder fazer a sua tarefa melhor. A primeira vasilha sempre gozava do pobre vaso rachado, que então se esforçava cada vez mais para segurar a água, mas tudo era em vão. Um dia, ele não aguentou mais e reclamou para o homem que o carregava:

— Eu não quero mais buscar água do poço. Por mais que me esforce, não consigo chegar em casa com mais do que metade da água que você coloca dentro de mim.

É um desperdício, e eu me sinto tão inútil. Use outro vaso que não tenha defeito. Não quero servir mais.

O servo que buscava a água todos os dias olhou com carinho para o vaso frustrado. Como ele era limitado no seu entendimento. Como ele tinha uma visão tão mesquinha! Então lhe disse:

— Meu querido vaso, eu conheço muito bem a sua fraqueza e, sabendo que você vazava água pelo chão, resolvi aproveitar essa sua incapacidade. Plantei flores ao longo do caminho entre o poço e a casa. Duas vezes por dia quando andamos do poço até a casa, você regou as plantinhas para mim. Com isso tenho lindas flores para apanhar e enfeitar a casa do nosso mestre. Olhe e veja como a sua fraqueza tem sido usada para embelezar o caminho. Você tem sido útil não somente para carregar água, mas também para embelezar a moradia do nosso mestre.

PARA REFLETIR E COMPARTILHAR

Com qual dos vasos você mais se identifica? Por quê?

Como que Deus usa vasos fracos para a glória dele?

Acho que muitas de nós sentimos às vezes que somos como o vaso rachado. Queremos esconder os nossos defeitos.

Na epístola de 2Coríntios, Paulo escreve sua segunda carta defendendo o seu apostolado com humildade. No capítulo 3 ele enfatiza a glória da nova aliança e como ela nos transforma. Nos primeiros versículos do capítulo 4, ele fala da cegueira dos que não conhecem a Cristo. Depois, Paulo foca nossa tarefa.

> Porque não nos pregamos a nós mesmos, mas a Cristo Jesus como Senhor e a nós mesmos como vossos servos, por amor de Jesus. Porque Deus, que disse: Das trevas resplandecerá a luz, ele mesmo resplandeceu em nosso coração, para iluminação do conhecimento da glória de Deus, na face de Cristo. Temos, porém, este tesouro em vasos de barro, para que a excelência do poder seja de Deus e não de nós (2Coríntios 4:5-7).

Paulo destaca que vasos fracos revelam um Cristo forte. Vamos trabalhar três descrições da nossa identidade que podemos tirar dessa passagem.

1. EU SOU UM VASO DE BARRO

Não gostamos muito de ser vasos de barro. Preferimos ser algo mais belo, mais útil, de durabilidade maior. Ser feito de terra é humilhante. Não queremos ser frágeis. Gostaríamos de ser autossuficientes, capazes de conseguir tudo que queremos por nossas próprias forças.

Quando eu era criança, e mesmo depois de me tornar adulta, eu não gostava muito de passar tempo nos Estados Unidos. Sou norte-americana, mas como fui criada no Brasil, eu não entendia bem a cultura da outra América. Então, quando estava lá, eu fingia que entendia tudo o que as pessoas falavam e não perguntava quando tinha dúvidas, pois eu não queria chamar atenção para o meu "defeito". O que era mais difícil para mim era a insegurança que eu sentia por ser diferente. Eu era aquele vaso "diferente" que não queria que outros percebessem os meus defeitos.

O que geralmente fazemos para dar a impressão de sermos algo melhor do que um vaso de barro? Muitas vezes damos desculpas, culpamos os outros, nos escondemos atrás de roupas chamativas ou maquiagens, não somos transparentes e vulneráveis com as pessoas, contamos meias verdades, e assim por diante. Fingimos ser algo que não somos.

Muitas de nós talvez não diríamos que somos autossuficientes, mas vivemos assim. Olhamos para os afazeres da vida cristã e tentamos cumpri-los sozinhas. Lemos a lista dos frutos do Espírito Santo e achamos que podemos desenvolver essas características em nossas vidas se nos esforçarmos o suficiente. Somos tentadas a fazer isso até no nosso tempo devocional; decidimos que agora seremos mais disciplinadas nesse período e então conseguiremos ser consistentes todos os dias. A realidade é que talvez até consigamos isso por algum tempo; podemos tapear algumas pessoas e darmos a aparência de "santinha", mas não passa de aparência. Não é este o objetivo: tentar transformar um vaso de barro num vaso ornamental? Podemos até enganar algumas pessoas se não chegarem muito perto, mas sabemos que tudo é falso, porque ainda somos de barro.

Eu não gosto de encarar as minhas falhas e fraquezas. Desconfio que eu não seja a única. A minha tendência natural ao ver um defeito no vaso que sou é de tentar cobri-lo com mais barro ou tinta para esconder as rachaduras. No fim, acabo deixando o vaso mais feio ainda.

Tentamos reparar as rachaduras com a nossa própria força — lendo mais a Bíblia, orando mais, indo para a Igreja todas as vezes que tenha qualquer programa. O problema é que o foco está no "eu" — naquilo que eu faço para fingir ser algo que não sou.

PARA REFLETIR E COMPARTILHAR

Quais seriam algumas das falhas na sua vida que você esconde de outros ou tenta disfarçar? Como você é tentada a cobrir essas suas rachaduras e fraquezas?

Como a graça de Cristo nos liberta da tentativas fúteis de projetar aparências, e não a verdade de quem somos?

2. EU SOU UM VASO DE CRISTO

Por que Deus escolheu usar vasos de barro para guardar o seu tesouro? Porque não quis algo mais digno, como um vaso de ouro, de prata ou até de diamante? Seria muito mais valioso, duradouro e bonito! A razão é que o vaso não foi feito para ser o tesouro, mas para conter o tesouro.

Qual é a função desse vaso? Guardar um tesouro. O que é o tesouro? É a luz, que porventura é Cristo. (v. 4-6, 10) A função do vaso não é ser valioso em si, mas conter algo de grande valor. Ele existe para chamar atenção para o tesouro, não para si mesmo.

Se eu fosse um vaso precioso, daqueles antigos, caros, cobertos de pinturas em ouro puro e joias, o que as pessoas veriam? Prestariam atenção no vaso ou no tesouro dentro dele?

Imagine dois vasos com um buquê de rosas em cada um. Um vaso é simples, de barro mesmo, sem nada muito chamativo. O outro é dourado, enfeitado com joias de várias cores e tamanhos. Se os dois vasos fossem colocados na sua frente, qual dos dois chamaria mais atenção para as rosas? É claro o vaso simples chamaria toda a atenção para as rosas. O outro vaso, por outro lado competiria com as rosas, querendo chamar mais atenção para si.

Qual é a tendência humana? É chamar atenção para nós mesmos, e não para o tesouro que carregamos. João Batista exemplificou a atitude correta quando viu Jesus e disse, "Convém que Ele cresça, e que eu diminua" (João 3:30).

Então, não sou somente um vaso de barro, sou um vaso de Cristo, que emana a luz dele. Ser um vaso de Cristo tem dois significados. Primeiramente, fala de pertencer a Cristo: sou vaso dele, então Ele me usa como quer, mas também Cristo está em mim, e isso mostra que tenho uma função importante.

Cristo quer viver em mim e por meio de mim (v. 10,11). Não sou eu quem vive, mas Cristo vive em mim (Gálatas 2:20). Eu não sou capaz de viver a vida cristã. Somente Cristo pode viver a vida cristã, porque é a vida dele. Não tenho a força, a garra, a capacidade nem o ânimo necessário. E é exatamente isso que o versículo 7 está dizendo. O poder de viver a vida cristã é de Deus e não vem de nós. Olhe também para 1Coríntios 4:7: "Pois, quem torna você diferente de qualquer outra pessoa? O que você tem que não tenha recebido? E se o recebeu, por que se orgulha, como se assim não fosse?". Essa é uma advertência para o vaso orgulhoso!

Talvez você esteja pensando, tudo bem, sei que não sou capaz de viver a vida cristã. A Bíblia está cheia de listas de atitudes e ações que ficam longe do meu alcance. O que devo fazer agora?

A resposta é ao mesmo tempo muito simples e muito difícil. A única maneira que qualquer uma de nós consegue viver a vida de Cristo é deixando-o vivê-la por meio de nós. Precisamos depender completamente dele. Isso significa uma dependência 24 horas por dia, 7 dias por semana. É levar os pecados até a cruz cada vez que errar e agradecer pelo perdão. Também significa regozijar-se no fato de que quando Deus olha para nós, Ele não nos vê cheias de pecado, mas sim puras e santas, pois fomos lavadas pelo sangue de Jesus e vestidas com sua justiça (2Coríntios 5:21). Ao olhar para nós, Deus vê o tesouro que carregamos, não o fato de sermos feitas de barro. Precisamos morrer constantemente para as coisas do mundo e então deixar Cristo viver por meio de nós. Teremos de praticar essa dependência por toda a vida, pois nunca alcançaremos a perfeição sozinhas. É isso que significa deixar Cristo viver sua vida por meio de nós.

Todas nós já vimos um bebê recém-nascido. Ele depende totalmente da sua mãe, pois não consegue fazer nada sozinho. No entanto, com o crescimento, aos poucos o bebê se torna mais independente. Logo ele consegue sentar-se, comer, andar, vestir-se, correr e continua se desenvolvendo até se tornar um adulto totalmente independente dos pais. A vida normal é assim, mas a vida espiritual é exatamente o oposto. Quanto mais crescemos na fé, mais dependentes nos tornamos. Chegamos ao ponto de não fazer nada sem depender totalmente de Deus para nos capacitar. O paradoxo da vida cristã é que Deus quer que cresçamos em pequenez!

A luz de Cristo resplandece muito mais por meio das nossas fraquezas. Não é desculpa para pecar, ou para não se esforçar naquelas áreas em que somos muito tentadas e caímos facilmente. Essas áreas de mais fraqueza são exatamente onde precisamos depender de Cristo ainda mais conscientemente! Algumas dicas que têm me ajudado: peço a Deus que acione um "pisca-alerta" para sinalizar quando eu estiver próxima do pecado, para que eu pare; oro pedindo força para não pecar quando sinto que estou sendo chata; quando tenho dificuldade em perdoar alguém, suplico por ajuda e renovação da mente. Então, quando há vitória, quando deixo Jesus viver por meio de mim, fica muito óbvio para todos que não veio de mim, mas de Cristo, e Ele recebe a glória. Não é isso que Paulo está dizendo em 2Coríntios 12: 9,10 quando ele pede três vezes para Deus tirar dele o espinho na carne?

> Por causa disto, três vezes pedi ao Senhor que o afastasse de mim. Então, ele me disse: A minha graça te basta, porque o poder se aperfeiçoa na fraqueza. De boa vontade, pois, mais me gloriarei nas fraquezas, para que sobre mim repouse o poder de Cristo.

Pense em uma criança pequena que está sentada em um balanço sendo empurrado pelo o pai . A criança grita com alegria: "Empurre mais alto, pai!".

E o pai empurra. E a criança chama a atenção do irmão ou amigo dizendo: "Olha como estou no alto! Estou balançando mais alto do que você!".

Quem é que fez todo o trabalho e possibilitou que a criança balançasse tão alto assim? Foi o pai, mas a criança se orgulha do grande feito. Quando dependemos de Deus e Ele age por meio de nós, temos o dever de entregar a glória a Ele, e não a nós mesmos.

Para refletir e compartilhar

Em que área da sua vida você tem maior dificuldade em repassar o crédito para Deus ao invés de tomar a glória para si?

O seu objetivo é de crescer na independência humana ou na dependência de Deus? Como podemos crescer em pequenez de forma prática?

Eu sou um vaso de barro; também sou vaso de Cristo. Existe ainda uma terceira verdade sobre a nossa identidade como vasos que precisamos apreciar.

3. EU SOU UM VASO DE BÊNÇÃO

Como posso ser um vaso de bênção sendo feito de barro?

Nós ministramos muitos mais para as pessoas ao nosso redor quando elas reconhecem que estamos cientes dos nossos próprios defeitos. Aquelas pessoas que projetam apenas o sucesso e suas conquistas e parecem não ter nenhuma luta ou dificuldade acabam ministrando para poucos, pois não nos identificamos com elas. Por outro lado, a pessoa humilde, transparente, vulnerável, dependente de Deus, que deixa a sua luz brilhar através das fraquezas, esta, sim, alcança muitas pessoas. Não tente cobrir as suas fraquezas, mas deixe a luz de Cristo resplandecer por meio de você. Quando você vive o perdão de Deus pelo fato de que você já foi perdoado, a luz de Jesus brilha. E quando a luz brilha, iluminamos o caminho e abençoamos aqueles que veem a luz.

Houve uma diferença drástica no meu ministério depois que comecei a entender essas verdades, pois trouxe alívio em lugar do jugo. Eu me lembro certa vez de uma visita que recebi de uma ex-aluna que eu havia mentoreado há alguns anos. Agora casada, ela estava na fase de vida que eu vivi lá atrás quando nos conhecemos, fase de jovem casada com filhos pequenos. Ela me disse que muitas vezes ela se sentia sobrecarregada e sem força para cumprir os seus deveres. Depois, ela me disse que pensava assim: "Se a Carol conseguiu, então eu também consigo!". Quando ela soltou essa frase eu fiquei triste, pois a mensagem que eu havia repassado para ela era para se esforçar ao máximo na sua própria força e mostrar para todos como ela era forte. O que eu deveria ter ensinado era o reconhecimento das limitações dela para depois correr para o Único capaz de viver por meio de nós, nos capacitando para cumprir a obra dele.

Muitas vezes somos tentadas a colocar uma máscara, cobrir as rachaduras do vaso, para sermos "um bom testemunho" para os outros. O problema é que ao fazemos isso, as pessoas veem uma máscara, e não a luz de Cristo. Temos de ser transparentes, admitir quando falhamos ou quando lutamos em certas áreas, mostrar que mesmo assim Cristo quer viver por meio de nós. Assim, a luz de Cristo brilha mais forte através das fraquezas.

Para refletir e compartilhar

Você está ciente do fato de que realmente carrega um tesouro e que tem o dever de mostrar a todos?

Como, no dia a dia, você pretende chamar a atenção para o tesouro que carrega ao invés de mostrar o vaso?

Em um mundo de "Photoshop", qual é o perigo de sempre tentar cobrir os defeitos e projetar uma imagem de perfeição?

CONCLUSÃO

Cristo quer que a luz dele resplandeça em nós. A graça de Jesus permite que vasos quebrados derramem água viva e produzam flores para a glória de Jesus. Não é tanto o vaso, mas o tesouro que está dentro dele que merece a atenção. Medite no fato de que você é um vaso de barro, que tem Jesus como tesouro para ser uma bênção onde quer que você for. *Quando sou fraco é que sou forte.*

> **A GRANDE IDEIA**
>
> Vasos fracos revelam um Cristo forte.

12 | Mulheres como ovelhas

Você já deve ter visto uma criança dormindo nos braços da sua mãe em meio a muito barulho e confusão, seja em uma festa, em uma rodoviária ou no metrô. Por vezes, ficamos admiradas com a tranquilidade da criança mesmo com tanto alvoroço ao seu redor. Muitas de nós também tivemos a experiência de proporcionar descanso para o nosso filho quando aflito por causa de medo, uma doença, um pesadelo, uma tempestade ou qualquer outra situação assustadora. Conseguimos consolar nosso filho simplesmente segurando-o no colo. É possível que a situação não tenha mudado, mas a criança descansa, pois se sentia segura nos braços da pessoa em que confia.

O Salmo 23 é um dos salmos prediletos do povo de Deus ao longo dos séculos. Ele ensina a confiar no bom Pastor como a criança confia nos pais. Nos seis versículos desse Salmo há tanta verdade, conforto e alimento para as nossas almas. Vamos explorar cada versículo desse Salmo, onde encontramos o descanso de ovelhas nos braços do nosso Pastor. Vamos destacar a provisão de Deus, a proteção do Senhor e a presença do bom Pastor sempre conosco.

1. A PROVISÃO DO SENHOR

O Senhor é o meu pastor; nada me faltará (Salmos 23:1).

Ao olharmos mais a fundo para cada palavra desse primeiro versículo, aprendemos lições preciosas sobre a provisão do Senhor.

- O "Senhor" torna a nossa fé distinta das religiões e crenças de outros. Ele é o supremo Pastor. Contudo, o coração humano está sempre à procura de alguém ou algo para adorar. O reformador João Calvino disse que o coração do homem é uma fábrica perpétua de ídolos, mas somente o Senhor é digno do nosso louvor e capaz de nos satisfazer.
- "Meu" nos lembra de que temos um relacionamento pessoal com o Pastor, com intimidade e proximidade.
- "Pastor" é uma metáfora abrangente e traz consigo a ideia de intimidade em Salmos. O pastor vive com as suas ovelhas e é tudo para elas — guia, médico e protetor.
- "Nada me faltará" significa que Deus proverá as necessidades mais profundas e pessoais que terei. Ele é a minha suficiência. Em outras palavras, preciso de Deus *mais* que qualquer outra coisa ou pessoa. Todos os meus anseios por segurança e significância serão realizados no Senhor.
- "Nada me faltará" não significa que teremos tudo de que gostaria ou que nunca passarei por necessidade, mas que não terei falta de nada que o Pastor acha bom para mim. No próprio Salmo vemos que por vezes o pastor guia por vales de sombra e até de morte. No vale da sombra da morte provavelmente falta luz, pasto e águas tranquilas, mas "nada me faltará" significa que nada que o bom pastor vê como necessário para a sua ovelha faltará. A presença dele é suficiente. Ele sabe melhor que nós do que precisamos.

> **PARA REFLETIR E COMPARTILHAR**
>
> Qual das expressões apresentadas mais causou impacto em você? "Senhor", "meu", "Pastor" ou "nada me faltará"?
>
> Em sua perspectiva, falta algo em sua vida? A presença do Pastor pode suprir essa falta?

O texto continua falando sobre a suficiência do bom Pastor como provedor.

> Ele me faz repousar em pastos verdejantes. Leva-me para junto das águas de descanso; refrigera-me a alma (Salmos 23:2,3a).

Pelo fato de o Senhor não nos deixar faltar nada, podemos descansar na ampla provisão dele, a qual nos proporciona verdadeiro descanso. A imagem mental que temos de pastos verdejantes e águas de descanso é de tranquilidade, provisão, proteção, falta de ansiedades e de preocupações. O Senhor, como bom pastor, sabe para onde nos leva e só quer o melhor para seu rebanho. Ele não é um mestre de escravos, mas um pastor de ovelhas; não tem como alvo matar as ovelhas, mas dar-lhes descanso. Ele sabe para onde nos conduz e só quer o nosso bem. Ser uma ovelha desse Pastor é um grande privilégio, pois Ele nos proporciona refrigério.

Somente Deus consegue restaurar a nossa alma, e Ele o faz pelo poder da sua Palavra. Salmos 19:7 diz: "A lei do Senhor é perfeita e restaura a alma". Deus pode cortar as cordas sufocantes da ansiedade e proporcionar descanso.

Em minha experiência, quando estou ansiosa, aflita ou reclamando, sei que estou com o meu foco no lugar errado. Estou mais preocupada em ter o que eu quero naquele momento do que interessada no que Deus quer com aquela situação. Se realmente creio que o Senhor é o meu pastor, Ele sabe o que é melhor para mim, e eu deveria descansar nele. Não preciso entender o porquê das coisas.

A nossa dificuldade é que igualamos descanso e refrigério a uma vida sem problemas ou dificuldades. Mais adiante no Salmo, o mesmo pastor que proporciona refrigério também leva as ovelhas por um vale de trevas e morte. Parece um contrassenso, até que lembremos que é a presença e a pessoa do Bom Pastor que nos consolam.

Na hora em que penso que não tenho mais força para suportar uma situação difícil na qual me encontro, preciso me gloriar na força que Deus tem e no fato de que Ele me sustentará. Preciso passar um tempo na Palavra (os pastos verdejantes) e buscar conforto e paz no Pastor.

PARA REFLETIR E COMPARTILHAR

A sua vida é caracterizada por descanso ou por ansiedade? O que você pode fazer para mudar o seu foco e então descansar em quem Deus é e naquilo que Ele nos promete?

Como você tem experimentado a provisão do Bom Pastor em sua vida?

2. A PROTEÇÃO DO SENHOR

Guia-me pelas veredas da justiça por amor do seu nome. Ainda que eu ande pelo vale da sombra da morte, não temerei mal nenhum, porque tu estás comigo. A tua vara e o teu cajado me consolam (Salmos 23:3b-4).

O Bom Pastor me dá direção na justiça. Ele me guia "nas veredas da justiça", mesmo que isso signifique atravessar um vale perigoso e tenebroso. Por que Ele nos guia às vezes por lugares assim? Para chegar a um lugar que o Pastor sabe que é melhor para mim, ovelha dele.

"Por amor do seu nome" traz a ideia de que Deus me leva a fazer o que é correto por sua própria causa. E como Deus nos mostra o caminho? Deus revela as veredas da justiça por meio da Palavra dele. Salmos 119:105 diz: "Lâmpada para os meus pés é a tua palavra e luz para os meus caminhos". A Palavra nos mostra o caminho, e o Espírito nos capacita a obedecer da maneira correta. Não é apenas andar no caminho certo, mas andar com a atitude e a motivação certas. A Bíblia sozinha não muda as nossas atitudes. Precisamos da revelação da Bíblia e também da transformação interior do Espírito Santo. A Palavra de Deus junto com o Espírito de Deus nos dão a liderança de que precisamos (Romanos 12:2).

> **PARA REFLETIR E COMPARTILHAR**
>
> Por meio da Bíblia Deus tem mostrado o caminho da justiça. Você está receosa em andar nele?
>
> Você depende dele para capacitá-la ou tenta caminhar com as próprias pernas?

O Bom Pastor também dá direção em tempos de medo, principalmente o da morte. Você já deve ter reparado que os versículos de 1 a 3 falam *sobre* Deus, enquanto os versículos 4 e 5 falam *para* Deus (quando no vale da sombra da morte). Aprendemos a confiar mais em Deus nos tempos difíceis do que nas horas fáceis. Oramos mais quando estamos em apuros do que em meio à bonança. Quando passamos por dificuldades, falamos mais *com* Deus, do que *sobre* Deus.

O Senhor nos protege e dá segurança em meio à adversidade pela sua presença. Ele anda ao nosso lado armado com vara e cajado. A vara era um taco curto e pesado que oferecia proteção, mas também disciplina. O cajado, usado pelo pastor para arrebanhar as ovelhas refere-se a controle e consolo. O Senhor nos defende diante da morte e nos dá segurança. Ele sabe mais e é maior do que qualquer perigo.

A provisão e proteção do Senhor não significam isenção de adversidade e angústia. O salmista reconhece que podemos passar por situações de extrema necessidade em que se perde o sol da esperança e a morte parece iminente.

Alguns anos atrás, a nossa família passou por um período muito difícil. Dezenove anos antes do fato, Deus nos direcionou a adotar uma menininha de dez anos, a Juliana. Ela cresceu, casou-se e teve um filho. Dois anos depois nasceu a filhinha, Hadassah, com sérios problemas cardíacos. A bebê precisou ficar internada por sete meses, quatro deles na UTI. Em meio a tudo isso, o marido de Juliana decidiu sair de casa. Quando a Hadassah estava para receber alta, ficou óbvio que os cuidados dela eram além das possibilidades de uma única pessoa. Então entendemos que Deus estava pedindo que nós cuidássemos dela.

A Hadassah veio para casa com sete meses de idade e não pesava nem três quilos. Tinha traqueostomia, era dependente de oxigênio e recebia alimentação por sonda nasal. Os cuidados eram complicados e constantes. Em um período de 24 horas, havia apenas dois momentos de duas horas em que ela não precisava de tratamentos. Era impossível eu cuidar dela sozinha, então a nossa filha caçula, Keila, já formada e trabalhando nos Estados Unidos, resolveu voltar para casa e nos ajudar.

Passaram-se dois anos de muita luta, com altos e baixos, vitórias e derrotas: No fim, quando parecia que tudo daria certo, a Hadassah sofreu três paradas cardíacas, e Deus a levou. Nós passamos pelo vale da morte. Foram dias de muito choro, dor, saudades e questionamentos, mas também foi o momento em que sentimos o cuidado do nosso Bom Pastor nos mínimos detalhes.

Andrew Murray, um pastor sul-africano nascido em 1828, disse que em tempos de aflição devemos dizer:

> *Primeiro*, Ele me trouxe até aqui; é por sua vontade que estou neste lugar apertado: neste fato vou descansar.
>
> *Segundo*, Ele cuidará de mim aqui em seu amor e me dará a graça para me comportar como seu filho.
>
> *Então*, Ele fará da tribulação uma bênção, ensinando-me as lições que Ele quer que eu aprenda e trabalhando em mim a graça que Ele pretende conceder.
>
> *Enfim*, em seu bom tempo Ele pode me tirar daqui — do jeito e como Ele sabe fazer.

O Salmo 23 nos consola pela presença do bom Pastor mesmo no vale da sombra da morte.[1]

---

[1] MURRAY, Andrew. "In Time of Trouble Say". Disponível em: https://vancechristie.com/2015/08/29/in-time-of-trouble-say-andrew-murray/. Acesso em: 24 out. 2023.

> **PARA REFLETIR E COMPARTILHAR**
>
> Você já passou, ou está passando agora pelo vale da sombra da morte?
>
> Você tem experimentado a presença, a provisão e a proteção do Bom Pastor? Tome alguns minutos agora para refletir em como o nosso Pastor é suficiente para nos guardar nos momentos difíceis e agradeça por esse cuidado.

O Salmo continua falando da proteção do Senhor, agora na própria presença dos inimigos:

> Preparas me uma mesa na presença dos meus adversários. Unges a minha cabeça com óleo; o meu cálice transborda (Salmos 23:5).

Agora a cena muda. O salmista passa da metáfora do pastor de ovelhas para uma de ainda mais intimidade — o amigo anfitrião. A ameaça do versículo 4 se torna em triunfo no versículo 5. Saímos da profundeza do vale para a altura de uma celebração de vitória. O Senhor não apenas nos conduz ao longo do vale escuro, como também nos proporciona um banquete. Os inimigos estão presentes, mas são mantidos à distância, de modo que não podem interferir na festa. Pode ser que Davi, o autor do Salmo, venceu uma batalha e agora os inimigos assistem à celebração.

Deus nos prepara um banquete, unge nossa cabeça com óleo festivo (ou para nós talvez um bom perfume) e não deixa o copo esvaziar. Contudo, não podemos isolar esse versículo do Salmo todo e pensar que a vida normal é assim. O Salmo começa no pasto verdejante e termina na casa do Senhor, mas no meio passa pelo vale escuro. O ponto do versículo não é que a vida é uma festa, mas que existem tempos de festa na nossa vida e devemos reconhecê-los como presentes de Deus. Eclesiastes 7:14 diz: "Quando os dias forem bons, aproveite-os bem; mas, quando forem ruins, considere: Deus fez tanto um quanto o outro, para evitar que o homem descubra alguma coisa sobre o seu futuro".

Somos lembradas de que o Senhor é como o anfitrião que honra e cuida de nós em meio à adversidade por meio da sua presença. O salmista regozija-se nessa proteção e provisão. Deus dá do bom e do melhor para seu servo. Ele é mais do que suficiente para tudo de que precisamos. Verdadeiramente podemos confiar em um Deus assim!

PARA REFLETIR E COMPARTILHAR

Como Deus tem proporcionado momentos de festa e regozijo na sua vida, mesmo em momentos de luta e oposição?

Você pensa que a vida normal deveria ser sempre uma festa? Existe algum proveito dos tempos difíceis?

---

3. A PRESENÇA DO SENHOR

O salmista já tratou da importância da presença consoladora do Senhor quando tratava da proteção dele: "Não temerei mal nenhum, *porque tu estás comigo*" (v. 4). Agora ele prevê o dia em que estará com o Senhor para sempre:

> Bondade e misericórdia certamente me seguirão todos os dias da minha vida; e habitarei na casa do Senhor para todo o sempre. (Salmos 23:6)

O versículo 6 é a conclusão à qual Davi chega depois de passar pelos pastos verdejantes, do vale da sombra da morte para o salão de banquetes de Deus. Ele afirma que existe toda razão para crermos que a misericórdia e bondade de Deus nos seguirão todos os dias.

A palavra "seguir" ou "acompanhar" literalmente significa "perseguir". Deus *persegue* seus filhos com a sua bondade. Não conseguimos escapar do amor de Deus! Cada dia traz consigo lembranças de que Deus é bom e nos trata com bondade; que Deus é misericordioso e nos trata com misericórdia. O reconhecimento da bondade e da misericórdia do Senhor nos leva a uma vida de constante adoração e gratidão, como se estivéssemos na casa do Senhor. A perspectiva é de continuar na presença do Senhor para todo o sempre.

Eu gosto de correr na praia e muitas vezes corro sozinha. Suponha que eu fui para um retiro de mulheres em uma praia e decidi sair para correr. De repente, eu percebo que tem um homem correndo atrás de mim. Eu aumento a minha velocidade, mas ele também corre mais rápido. Por mais que eu corra, ele finalmente consegue me alcançar. A essa altura já estou com muito medo. Emtão o homem diz: "Eu vi que o seu relógio caiu lá atrás e eu queria devolvê-lo a você".

Assim que consigo respirar, eu agradeço ao homem que correu tanto para me ajudar.

A bondade e a misericórdia de Deus nos perseguem assim. Deus nos persegue com suas bênçãos. Só que a nossa realização maior não se encontra tanto nas bênçãos, mas, sim, no fato de estar com Deus para sempre. Voltando para a ilustração do homem que correu atrás de mim, imagine que esse homem seja o meu marido e eu pensasse que ele estivesse longe, por isso eu não poderia vê-lo por algum tempo. O meu foco não estaria no relógio, mas sim na surpresa agradável de estar com o meu marido!

Os dois anos em que cuidamos da Hadassah foram alguns dos mais difíceis da nossa vida. Eu não conseguia entender o que Deus estava fazendo. Muitos dias acordava orando assim: "Deus, não gosto e não entendo, mas confio".

Comecei a orar pedindo que Deus abrisse os meus olhos para enxergar a sua bondade e a sua misericórdia com as quais estava me perseguindo. Eu não queria focar na dificuldade, mas naquilo que Deus estava me dando de presente. E como Ele nos presenteou! A Hadassah era uma bebê extremamente feliz e agradável. Deus nos trouxe pessoas para nos ajudar que se tornaram grandes amigas e relacionamentos duradouros. Recebemos ajuda de muitas pessoas de vários lugares e fomos apoiados pelas orações de amigos ao redor do mundo.

Para refletir e compartilhar

Você tem notado como a graça de Deus nos persegue todos os dias? Cite alguns exemplos. Um exercício muito bom ao enfrentarmos uma dificuldade é fazer uma lista de todas as bênçãos que Deus nos deu. Quantos versículos nos exortam a sermos gratas?

Como você poderia ser mais sensível à provisão graciosa de Deus em sua vida a cada dia?

Pastor John Piper resume o Salmo 23 assim:

> O Salmo inteiro me leva a Deus como o cumprimento de todos os meus desejos. Eu me sinto atraído, junto com Davi, não tanto a amar os pastos verdejantes, mas o Bom Pastor; a amar não tanto o banquete delicioso, mas o anfitrião generoso; a amar não tanto as bênçãos, mas aquele que me persegue com bondade e misericórdia.[2]

Vimos a progressão do Salmo. Davi começa apreciando o que o Pastor nos dá. Depois ele reconhece que a direção, a proteção e o conforto que Deus oferece por sua presença são muito valiosos. No fim, ele vê que a maior bênção é poder estar continuamente com Ele para sempre. Com a revelação do Novo Testamento, sabemos que permanecer sempre com Deus foi algo que Cristo conquistou para nós na cruz. Ele é Emanuel, "Deus conosco"! Quando subiu ao céu, enviou-nos um presente, um Consolador, o Espírito Santo. Deus está sempre conosco. Ele quer que apreciemos essa presença, que dependamos dele e que busquemos nele tudo de que precisamos para superar as dificuldades em que nos encontramos.

CONCLUSÃO

No Salmo inteiro vemos que o Senhor é *suficiente*. Ele é suficiente para nos dar descanso. Ele é suficiente para dar direção na justiça e no medo, Ele é suficiente para dar provisão.

A autora Nancy DeMoss conta a história da Ana, que descobriu um câncer de mama quando os seus cinco filhos eram jovens adultos. Depois de batalhar por meio da quimioterapia e experimentar um tempo breve de remissão, ela faleceu mais ou menos dez anos depois do diagnóstico.

Durante esses 10 anos, ela passou por tempos tempestuosos, enfrentando seus temores sobre o seu futuro e da sua família. O mais difícil era saber que o câncer estava roubando dela o privilégio de participar da vida dos filhos. Então Ana percebeu que o quê Deus queria dela era sua confiança. Três anos antes de falecer, ela se expressou em uma oração:

---

[2] PIPER, John. "The Shepherd, the Host and the Highway Patrol": Disponível em: https://www.desiringgod.org/messages/the-shepherd-the-host-and-the-highway-patrol. Acesso em: 24 out. 2023.

> Você consegue confiar em mim, filha?
> Não somente pela sua eternidade, da qual você conhece quase nada... Mas confiar pelo período pequeno da sua vida entre o agora e o então, quando você imagina o seu declínio, separações, fracassos, dor, tristezas, desapontamentos...
> Você me acha qualificado para ser Senhor dos seus últimos dias?

Não é essa a verdadeira questão para todos os filhos de Deus? Você consegue confiar em Deus? Apesar de todos os seus medos, tudo que você desconhece e tantos desafios, Ele prometeu prover o que você necessita, protegê-la, compartilhar os seus prazeres e dar a sua presença para sempre.

Deus não dá garantias sobre para onde vai nos conduzir nem nos avisa das dificuldades que iremos enfrentar na jornada, mas conhecemos o caráter daquele em quem temos confiado e sabemos que as promessas serão muito melhores do que os perigos e perdas que talvez Ele permita que soframos.[3]

Todas nós estamos agora em uma época de tranquilidade (pastos verdejantes) ou de provação (o vale da sombra da morte). Uma lição importante que aprendi durante aqueles anos tão difíceis é que Deus me ama o suficiente para me tirar de um lugar que pode até ser bom, me levar por um caminho extremamente difícil, mas para chegar a um lugar melhor. Hoje, ao olharmos para trás, vemos tantas bênçãos que Deus nos deu por meio daquele vale tão escuro. Ele nos ensinou muito. Saber (e experimentar) que o Bom Pastor está sempre conosco nos guiando, no protegendo e suprindo nossas necessidade — sendo suficiente para tudo, nos ajuda a descansar e confiar mais. O Senhor é o meu Pastor — para sempre.

A GRANDE IDEIA

O Senhor é suficiente para sempre!

---

[3] DEMOSS, Nancy Leigh. "Trust Me". In: *The Quiet Place:* Daily devotional readings: Chicago: Moodly Publishers, 2012, August 28.

13 | Mulheres professoras

IMAGINE ALGUMAS SITUAÇÕES COMUNS entre nós:

1. Uma jovem recém-casada quer obedecer a Deus e cuidar do seu lar de uma forma que agrada a Ele, mas ela nunca aprendeu nada sobre cozinha, cuidados da casa, ou como ser uma esposa companheira do marido. Está procurando alguém para lhe ensinar, mas não encontra alguém disposta.
2. Uma mulher com mais experiência que já criou bem os seus filhos e tem algum tempo livre acha que não tem nada a oferecer para as moças. Quando uma jovem pede que ela faça um discipulado com ela, fica assustada e recusa, pois não sabe como poderia ajudar.
3. Uma senhora com mais idade e que já se comprometeu com os valores da cultura, acha um desperdício uma mulher se dedicar ao seu marido, filhos e cuidados da casa. Ela fala com as filhas e outras

que querem ouvir que a mulher precisa ser independente de qualquer homem e que o sucesso profissional é o auge da realização feminina.

4. Influenciadoras (muitas vezes jovens inexperientes) falam de forma cativante e culturalmente agradável em plataformas da mídia social. Muitas esposas e mães jovens as seguem assiduamente, mas muitas vezes sem verificar se o que falam é coerente com a Palavra de Deus.

Todos esses casos encontram solução e respaldo em Tito 2:3-5:

> Semelhantemente, ensine as mulheres mais velhas a serem reverentes na sua maneira de viver, a não serem caluniadoras nem escravizadas a muito vinho, mas a serem capazes de ensinar o que é bom. Assim, poderão orientar as mulheres mais jovens a amarem seus maridos e seus filhos, a serem prudentes e puras, a estarem ocupadas em casa, e a serem bondosas e sujeitas a seus maridos, a fim de que a palavra de Deus não seja difamada.

Sou formada em pedagogia, e para uma professora, o currículo é muito importante, pois norteia as matérias que serão ensinadas durante o ano letivo. Nos anos em que lecionei para crianças de 10 a 12 anos em uma escola pública, segui rigorosamente o currículo, pois queria que os meus alunos tivessem bom êxito. Contudo, enfrentei um problema. A necessidade maior dos meus alunos era a formação moral. Faltava neles caráter, um investimento familiar para ensinar-lhes como obedecer e respeitar autoridades. Quando saí da escola e comecei a ensinar os meus próprios filhos a minha ênfase foi dupla: seguir o currículo do ano e alcançar o coração deles ajudando-os a desenvolverem um caráter piedoso.

Como mulheres, Deus nos dá um currículo, tanto para as mais velhas como para as jovens. É um currículo que enfatiza o *ser* junto com o *fazer*. Não é algo que podemos aprender em poucas aulas, pois leva uma vida toda. Neste currículo Deus nos ensina quais são as prioridades que Ele quer que tenhamos como mulheres neste estudo. Vamos aprender que a Palavra de Deus é honrada quando mulheres honram os papéis que Deus lhes deu.

O texto de Tito 2:3-5 começa com a palavra "semelhantemente". Refere-se ao contexto em que o autor da epístola, Paulo, escreve para o seu discípulo Tito. Tito estava na ilha de Creta e tinha a responsabilidade de colocar a igreja em ordem. Paulo explica como Tito deveria proceder com a formação da liderança da igreja. Depois trabalha com os homens idosos, então passa para o nosso texto, no qual exorta as mulheres idosas e as jovens, e finalmente dá instruções para os moços.

As instruções paulinas sobre o que as mulheres mais velhas devem instruir às mais jovens constitui um currículo claramente delineado para mulheres. Trata-se de matérias de duração muito maior que um semestre. Exigem uma vida inteira para serem assimiladas.

Por isso é tão importante a mulher mais madura investir nas mais jovens. Paulo começa falando sobre as tarefas das mulheres mais velhas, as qualidades que deveriam possuir para depois ensinarem as mais jovens.

Talvez você tenha uma dúvida se você se encaixa na lista das mais velhas ou das mais novas. Eu gosto de pensar que todas nós somos mais velhas e mais maduras do que alguém, possibilitando então o investimento na pessoa menos experiente. Ao mesmo tempo, todas nós somos mais novas que alguém então é importante ter aquela mulher de referência em quem podemos nos espelhar.

1. O CURRÍCULO DAS MULHERES MAIS VELHAS

Quais são as tarefas das mulheres mais velhas?

A. A serem reverentes na sua maneira de viver. Isso quer dizer se comportar apropriadamente, ou como convém à santidade. Ser reverente significa estar sempre ciente de que estamos na presença de um Deus maravilhoso e santo.

O propósito que Deus tem para nossas vidas — mesmo nos afazeres mais corriqueiros — é sagrado. Tudo na nossa vida deve refletir uma dependência total em Cristo. Foi Ele quem disse, "Sem mim, nada podeis fazer". Nas atividades normais e simples podemos refletir a beleza de Cristo.

B. A não serem caluniadoras. A palavra "caluniadoras" na língua original é *diabolous*, usada para descrever o Diabo — o maior acusador do universo. Deus vê fofoca e calúnia como pecados graves! Infelizmente, como mulheres, às vezes somos conhecidas por uma boa fofoca. Afinal, gostamos de conversar, saber tudo sobre a vida dos outros. Socialmente é até aceitável, mas Deus repudia!

Ao invés de falarmos mal, devemos usar:

a. Palavras edificantes. Efésios 4:29 diz, "não saia da vossa boca nenhuma palavra torpe, e sim unicamente a que for boa para edificação, conforme a necessidade, e, assim, transmita graça aos que ouvem". A palavra torpe também significa "suja ou inútil". Quantas vezes enquanto alguém compartilha alguma necessidade ou dificuldade comigo, estou mais preocupada na resposta que vou dar a ela do que em ouvir atentamente para entender corretamente o que está passando? Quem realmente ouve sabe edificar conforme a necessidade, e assim tem como transmitir graça para edificar conforme a necessidade.

b. Palavras verdadeiras. "Por isso, deixando a mentira, fale cada um a verdade com o seu próximo, porque somos membros uns dos outros" (Efésios 4:25). Talvez você pense que não tem problema com a mentira e que sempre fala a verdade. Porém, a maioria de nós enfeita uma história para ela sair bem, ou para ficar mais engraçada, e nem sempre tudo é totalmente verdadeiro.

c. Palavras raras! Provérbios 10:19 (NVI) nos lembra: "Quem fala demais acaba caindo em transgressão, mas quem controla a língua é sábio". Como é difícil controlar a língua! É tão difícil que Tiago nos diz que a pessoa que consegue dominar sua língua é alguém perfeito! (Tiago 3:2).

PARA REFLETIR E COMPARTILHAR

Como você pensa e age quando acha que ninguém a vê? É uma pessoa na igreja e outra em casa?

> Quantas vezes você rebaixa alguém para se elevar? Tem a prática de prestar atenção quando alguém desabafa com você ou está mais interessada na resposta que dará? Quer falar menos e apenas aquilo que convém?

A primeira matéria para as mulheres mais velhas é de ser reverente; a segunda, como controlar a língua. A próxima lição tem a ver com o que nos controla.

C. A não serem escravizadas a muito vinho. Nos dias de Paulo, havia um problema grande com mulheres bêbadas, até as mais velhas. Sabemos pelas Escrituras que a bebedice:

- É uma obra da carne, um pecado (Gálatas 5:19-21).
- É característica dos injustos que não herdarão o Reino de Deus (1Coríntios 6:9-11).

Talvez a sua luta não seja contra o álcool, mas contra outra coisa que a escraviza, como televisão, comida, novelas, medicamentos controlados ou o excesso de sono. Aquilo que nos controla torna-se um ídolo do nosso coração. Eu me curvo diante do que adoro. Precisamos fazer tudo para a glória de Deus: "Portanto, quer comais, quer bebais ou façais outra coisa qualquer, fazei tudo para a glória de Deus" (1Coríntios 10:31).

A última aula para as mulheres mais experientes já aponta para a tarefa de ensinar as mais jovens e ensiná-las bem.

D. A serem capazes de ensinar o que é bom. O que é bom é o que agrada a Deus. Implica ensinar a obedecer ao que Deus pede de nós. Ela tem fé suficiente para entender que aquilo que Deus pede de nós visa ao nosso bem — mesmo quando vai totalmente contra a cultura. Deus é bom e sempre quer o nosso bem para a sua glória. Ela obedece ainda que seja difícil e incompreensível. A melhor forma de ensinar é por meio do exemplo.

Quantas mulheres jovens sofrem por não terem ninguém para mentoreá-las! Elas acabam agindo de formas erradas por não saberem melhor!

> **PARA REFLETIR E COMPARTILHAR**
>
> O que controla sua vida — conforto, aparência, reputação...? Você deseja ser totalmente controlada pelo Espírito de Deus? Como entregar o controle a Ele?
>
> Você ensina a outras pessoas o que Deus diz mesmo que não seja algo popular ou é tentada a dizer o que os outros querem ouvir? Sua vida serve de exemplo ao ponto de ser imitada?

Quem consegue ser uma mulher madura assim na própria força? Ninguém. Contudo, Deus não apenas nos dá as orientações, Ele também nos capacita a segui-las. Deus colocou o Espírito em nós para Ele viver por meio de nós e desenvolver essas qualidades. Somente na dependência total dele é que conseguiremos obedecer ao que Ele nos pede.

2. O CURRÍCULO DAS MULHERES JOVENS

Passamos agora para a tarefa das mulheres mais jovens. O que as mulheres maduras ensinam para elas?

O fato de que existe uma lista que as mais velhas devem ensinar às mais jovens chama atenção, pois indica que tudo pode ser aprendido! Muitos itens na lista vão contra a cultura, mas precisamos ser transformadas para mostrar a eficácia da Palavra de Deus! Esta lista se divide entre o ser e o fazer. Para simplificar, quero juntar as qualidades do que devemos ser para depois falarmos do fazer.

A. Qualidades do "ser"
- A serem prudentes, puras e bondosas
   a. Ser prudente significa ter bom senso, uma mente sã, pés no chão e controle. Uma mulher experiente sabe ajudar a mais jovem a esperar e a tomar decisões acertadas. Uma característica do jovem é querer tudo rápido, sem muita espera. A mulher com mais tempo de vida ajuda a agir sabiamente, dentro das condições que elas

têm. Também pode ensinar que a vida passa por fases; não vivemos tudo no mesmo dia. As prioridades mudam conforme as fases em que estamos. Uma mulher solteira terá prioridades diferentes da mãe jovem com três crianças pequenas em casa. A mulher madura pode guiar as mais jovens a agir apropriadamente no momento de vida em que estão.

b. Pura, neste texto, significa santa, sagrada, livre de pecado, inocente. Não visa apenas ao exterior, mas também o interior — os pensamentos. Romanos 12:2 nos ensina: "E não vos conformeis com este século, mas transformai-vos pela renovação da vossa mente, para que experimenteis qual seja a boa, agradável e perfeita vontade de Deus". Somos bombardeadas diariamente pelos valores passageiros da cultura e precisamos avaliá-los conforme a Bíblia. Renovar a mente nos fala da importância de controlar os nossos pensamentos. Conseguimos pensar um pensamento por vez. Escolha bem. O nosso agir e pensar precisam glorificar a Deus.

c. Ser bondosa significa ser generosa, gentil. A bondade se refere tanto aos *atos* bondosos quanto ao *falar* de forma gentil. Essa frase vem logo depois de "estarem ocupadas em casa". Parece que o foco principal da nossa bondade se manifesta com as pessoas da nossa casa, as pessoas mais íntimas. Uma paráfrase de 1Coríntios 13 que nos adverte quanto à inutilidade de fazer muitas coisas, mas sem amor, ou bondade, seria: "Ainda que eu tenha uma casa tão impecável que as pessoas possam comer no chão da cozinha... e prepare refeições incrivelmente deliciosas com um orçamento apertado... e transforme minha casa em uma vitrine com qualidade de casa de revista... mas não faço tudo isso com bondade, isso é nada".[1] Jesus pode ser visto e adorado a partir de meios comuns quando cumprimos as nossas tarefas com um espírito de bondade.

---

[1] DEMOSS, Nancy. *Mulheres atraentes adornadas por Cristo*. São Paulo: Vida Nova, 2022, p. 320.

> **PARA REFLETIR E COMPARTILHAR**
>
> Você busca ser uma pessoa prudente? Pensa antes de agir? Você costuma inventar desculpas do tipo "sou assim mesmo" pelas más decisões que tomou?
>
> Você tem se esforçado para manter sua vida, seus pensamentos, suas palavras e suas ações puras? Você tem a prática de pedir a Deus que a transforme em uma pessoa mais bondosa, que ama e ajuda os outros como Jesus faria?

B. Qualidades do "fazer"

Aprendemos o que devemos ser. Agora focaremos o que fazer.

- A amarem o marido e os filhos

a. Amar o marido — a palavra usada aqui para amar não é a mesma usada para os maridos quando Deus pede que amem sacrificialmente as suas esposas. A palavra indica ternura, o que temos com um amigo querido. Outras traduções em outros textos usam palavras como "afeto" e "carinho". Muitas mulheres diriam que *amam* o seu marido — elas abrem mão do que elas querem, se sacrificam para o bem dele, o servem cuidando da casa, das roupas, fazendo comida e muito mais. No entanto, parece que a nossa dificuldade maior seria de tratar o marido como alguém de quem *gostamos* — com afeto, ternura e carinho. Podemos *fazer* o certo, mas com uma atitude errada que comunica desprezo. Deus quer que amemos o marido e o tratemos com respeito, dignidade e carinho.

b. Amar os filhos — hoje parece que muitas pessoas amam e valorizam mais os seus bichinhos de estimação, do que os filhos. Há um número crescente de casais que decidem não ter filhos, pois eles complicam a vida, bagunçam carreiras, dão trabalho e outras razões mil. Para Deus, filhos sempre são bênção, galardão, herança — algo bom! (Salmo 127). As mulheres mais maduras precisam ensinar para as jovens o que Deus tem a dizer sobre o valor da maternidade e do privilégio de criar a próxima geração. Precisam conhecer o que Deus fala para então alinhar-se com o seu plano.

Para os que têm filhos, parece óbvio que vamos amá-los. Geralmente não precisamos ensinar as mães a beijar, segurar e cuidar dos seus filhos com carinho. Muitas morreriam por eles e também se sacrificam muito para fazer e dar o melhor para eles. Contudo, todas nós também lutamos com a impaciência, o egoísmo e a irritação. Deus quer que encaremos os filhos como Ele os vê — como presente, herança, bênção e galardão. Temos a responsabilidade de discipular os filhos, tornando-os aprendizes de Jesus, e discipliná-los, colocando-os de volta no caminho do Senhor quando eles saem dele.

- A estarem ocupadas em casa (serem boas donas de casa)

A definição de ser uma boa dona de casa difere de cultura para cultura e de casa para casa. Podemos dizer que significa que no seu lar, a sua casa está em ordem conforme o que é melhor para o seu marido, para os seus filhos e para você. Eles moram na sua casa também e gostariam de sentir-se confortáveis nesse ambiente. Exageros por qualquer lado não convêm. Uma casa suja e desorganizada onde ninguém pode achar nada é tão desagradável quanto a casa em que não consegue se relaxar por um segundo por medo de sujar, quebrar ou desajeitar qualquer coisa. Todos os membros da família devem ter responsabilidades em ajudar a manter a casa em ordem, mas a esposa muitas vezes será quem gerencia as tarefas.

Quando trabalhamos esta matéria do currículo, sempre surge a dúvida sobre a mulher que trabalha fora versus a mulher que fica em casa. Não existe nenhum versículo bíblico que proíbe que a mulher tenha um emprego fora de casa, mas Deus nos fala o que devemos priorizar. Cada mulher terá que decidir individualmente quanto à possibilidade de também trabalhar fora ou não.

Para as casadas, cuidar do seu marido é a sua primeira tarefa, um chamado de Deus que ninguém mais no mundo inteiro foi chamado para fazer. Cumpra bem esse papel. Se Deus a abençoou com filhos, sua segunda prioridade é o cuidado e discipulado deles. Ao mesmo tempo, Deus quer que você cuide bem da sua casa. Se você consegue cumprir essas prioridades e ainda ter uma carreira ou ministério fora do lar, que

Deus lhe abençoe! Cada mulher tem habilidades, capacidades e força diferentes. A tarefa que Deus deu a você não necessariamente é a mesma que deu à outra. Faça sua decisão por si mesma diante de Deus, sem vigiar (ou julgar!) o que outras mulheres fazem. Cada uma de nós prestará contas diante do Senhor por nós mesmas.

> **PARA REFLETIR E COMPARTILHAR**
>
> Você respeita o seu marido de forma que ele se sente respeitado por você? Você sabe o que comunica respeito para ele? Se não, que tal estudar o seu marido para aprender. Está disposta a ser transformada por Deus nesta área?
>
> Como você encara o valor de filhos — sua visão parece mais com a cultura de hoje ou a de Deus? Esforça-se a amar os filhos da maneira que Deus quer que os ame?
>
> Você tem como prioridade manter a casa confortável para a sua família?

Segue a última qualidade ensinada no texto que talvez seja a mais difícil.

- A serem sujeitas aos seus maridos

Nós, mulheres, geralmente não gostamos muito da palavra submissão. Por não entendermos o plano perfeito de Deus, interpretamos mal a ideia de submissão, muitas vezes por sermos tão influenciadas pela cultura. Já trabalhamos mais a fundo o plano de Deus para o papel da mulher, então agora vamos apenas relembrar que a submissão não significa inferioridade, como se a mulher fosse capacho. Deus criou homem *e* mulher à sua imagem. Somos iguais no ser, mas diferentes no fazer. É uma distinção funcional, não essencial. Para um bom funcionamento, o lar precisa de uma certa ordem. Deus quer que o casal seja um time em que cada um complemente o que falta no outro, mas a responsabilidade final recai sobre o marido, e nós somos chamadas a seguir sua liderança, desde que ela não viole princípios claros da Palavra de Deus.

> **PARA REFLETIR E COMPARTILHAR**
>
> Você realmente deseja obedecer a Deus submetendo-se ao seu marido, ou você se esforça para conseguir tudo do jeito que quer?
>
> Você entende que a submissão visa ao bom andamento do lar? Em que sentido?

Todas nós sentimos na pele a nossa incapacidade diante dessas responsabilidades e talvez queiramos gritar, "Eu não consigo viver assim!". Nenhuma de nós tem a capacidade de cumprir este currículo sem depender totalmente em Cristo. É Ele quem nos capacita a viver da forma que lhe agrada.

Finalmente, o texto termina citando uma razão para as mulheres seguirem essas diretrizes.

- A fim de que a Palavra de Deus não seja difamada

A palavra "difamada" literalmente significa "blasfemada". O cumprimento dos papéis que Deus nos deu reflete a eficácia (ou não) da Palavra de Deus e do Evangelho de Cristo. Exige uma obra sobrenatural na vida da mulher para produzir essas qualidades. No mesmo capítulo de Tito 2, nos versículos 11 e 12, lemos: "Porque a graça de Deus se manifestou salvadora a todos os homens, educando-nos para que, renegadas a impiedade e as paixões mundanas, vivamos, no presente século, sensata, justa e piedosamente". E é essa graça que nos ensina a dizer "não" à impiedade e às paixões mundanas. Satanás foi o primeiro a tentar atrapalhar a ordem que Deus deu para o universo. Na sua insubmissão, ele busca nos enganar para que o sigamos na rebeldia. Deus sabe, porém, o que é melhor para nós e faz questão de nos ensinar. O que Deus pede *sempre* visa ao nosso bem, mesmo quando não é fácil. As nossas vidas precisam mostrar o poder de Deus de uma forma que o mundo consiga enxergar.

CONCLUSÃO

Deus nos deu um modelo de como a família dele, a igreja, deve se comportar. As situações que citei no início, as dificuldades enfrentadas pelas mulheres mais maduras e as jovens despreparadas diminuiriam grandemente se seguíssemos o currículo que Ele nos deixou.

> **A GRANDE IDEIA**
>
> A Palavra de Deus é honrada quando mulheres honram os papéis que Deus lhes deu.

14 Mulheres tranquilas

Todas nós conhecemos o que é sentir ansiedade. Aquela dor chata no estômago, um calafrio, a incapacidade de pensar em outra coisa, a imaginação extremamente ativa pensando na pior das hipóteses — um momento em que não experimentamos nenhuma paz. Corrie ten Boom, a holandesa conhecida por esconder muitos judeus durante a Segunda Guerra Mundial, definiu a ansiedade desta maneira: "É um ciclo de pensamentos ineficientes girando em torno de um núcleo de medo".[1] Um autor americano, Mark Twain, disse certa vez: "Já sou um homem velho, e conheci muitas aflições, a maioria das quais nunca aconteceram".[2]

Você já percebeu que a ansiedade não nos proporciona nada de bom? Às vezes ficamos ansiosas por situações realmente graves e difíceis, mas outras vezes nos preocupamos com imaginações e possibilidades que no

---

[1] BOOM, Corrie ten. *Jesus is Victor* (Grand Rapids, MI: Fleming H Revell Company, 1985).
[2] Citação atribuída a Mark Twain, *Reader's Digest*, abril 1934.

fim não se realizam. Olhando para trás e lembrando de situações que nos causaram muita ansiedade, mas que acabaram não evoluindo, podemos até dar risada. Porém para Deus, a nossa ansiedade é absurda na melhor das hipóteses, e blasfema na pior, pois nos coloca no lugar de Deus (veja 1Pedro 5:7 em contexto). Ansiedade brota da raiz de desconfiança no Deus todo-poderoso, que sabe o que faz, que nos ama e tem o melhor plano para nós. Quando nos preocupamos, estamos colocando mais confiança no que *nós* achamos que deve acontecer do que no plano que *Deus* tem.

PARA REFLETIR E COMPARTILHAR

Como você define ansiedade? Identifique seus sintomas em sua vida.

Quais são as áreas em que você cai na ansiedade com mais facilidade? (Saúde, finanças, relacionamentos, família...). Como você tem lidado com sua ansiedade?

Anos atrás, eu era uma jovem universitária fazendo estágio em uma escola particular na cidade de São Paulo. Eu passava os dias da semana lá, mas toda sexta à tarde eu pegava um ônibus para a casa dos meus pais em Atibaia, uns 70 quilômetros para o norte. O meu irmão mais novo estudava nessa escola, então fazíamos o percurso de volta para casa juntos. Em uma ocasião, aguardávamos a chegada do nosso ônibus no andar de cima da rodoviária Tietê. Naquele dia, o ônibus não chegava, e já estava na hora de sair quando descobrimos que o ônibus estava saindo do andar debaixo. Estava lá o tempo todo e agora já estava partindo! Corremos, mas era tarde demais. Nisso, um táxi parou e falou que conseguia alcançar o ônibus para nós, era só entrar e já iríamos alcançá-lo. Só que, chegávamos próximos do ônibus, mas por alguma razão, nunca conseguimos alcançá-lo. Quando chegamos à rodovia, percebemos que fomos enganados e pedimos para nos deixar na pista, pois estava claro que nunca iríamos pegar o ônibus. Demos todo o dinheiro que tínhamos, que nem foi suficiente para pagar o taxista malandro.

Aguardamos o próximo ônibus da mesma viação passar, mas este recusou nos deixar entrar. Uma hora depois, passou mais um transporte, mas nem parou! Agora já era escuro, estávamos num lugar perigoso e eu fiquei com medo. Passava na minha cabeça mil cenários, e nenhum deles terminava bem. Tentamos pedir carona, mesmo sabendo que não era algo seguro, mas pensando que era melhor do que passar a noite naquele lugar. Finalmente um terceiro ônibus passou e graças a Deus nos deu passagem. Que alívio! Mas confesso que senti muita ansiedade até então. Mesmo sabendo que Deus estava no controle de tudo, a minha imaginação foi mais forte do que a minha confiança.

Como podemos nos livrar da ansiedade? Neste mundo cheio de pecado, doença, terrorismo, acidentes, crime e maldade, como podemos viver em paz? Como controlar os pensamentos que nos levam a lugares de tanta angústia?

PARA REFLETIR E COMPARTILHAR

Você consegue se lembrar de uma situação recente em que você esteve muito ansiosa. O que estava acontecendo? Como que a sua imaginação foi mais forte do que a sua confiança em Deus?

Em que sentido a ansiedade é uma afronta a Deus? De que maneira ela representa orgulho em nossas vidas?

O poder da Palavra corta a corrente da ansiedade que tanto nos sufoca e está à disposição de todos que buscam a capacitação nela.

Vamos trabalhar essa ideia estudando cinco textos que nos ajudam não somente a lidar com a ansiedade, mas a desenvolver um coração tranquilo que descansa em Deus.

1. TRANQUILAS COMO OS PÁSSAROS

Mateus 6:25-34

> Por isso, vos digo: não andeis ansiosos pela vossa vida, quanto ao que haveis de comer ou beber; nem pelo vosso corpo, quanto ao

que haveis de vestir. Não é a vida mais do que o alimento, e o corpo, mais do que as vestes? Observai as aves do céu: não semeiam, não colhem, nem ajuntam em celeiros; contudo, vosso Pai celeste as sustenta. Porventura, não valeis vós muito mais do que as aves? Qual de vós, por ansioso que esteja, pode acrescentar um côvado ao curso da sua vida? E por que andais ansiosos quanto ao vestuário? Considerai como crescem os lírios do campo: eles não trabalham, nem fiam. Eu, contudo, vos afirmo que nem Salomão, em toda a sua glória, se vestiu como qualquer deles. Ora, se Deus veste assim a erva do campo, que hoje existe e amanhã é lançada no forno, quanto mais a vós outros, homens de pequena fé? Portanto, não vos inquieteis, dizendo: Que comeremos? Que beberemos? Ou: Com que nos vestiremos? Porque os gentios é que procuram todas estas coisas; pois vosso Pai celeste sabe que necessitais de todas elas; buscai, pois, em primeiro lugar, o seu reino e a sua justiça, e todas estas coisas vos serão acrescentadas. Portanto, não vos inquieteis com o dia de amanhã, pois o amanhã trará os seus cuidados; basta ao dia o seu próprio mal.

Esses versículos do Sermão do Monte tão conhecidos vêm logo depois de uma exortação em que Jesus adverte contra correr atrás de tesouros na terra. Ao invés disso, devemos acumular tesouros no céu. Ele explica que não podemos servir a dois mestres — o dinheiro e Deus. Nesse contexto, Jesus nos ensina sobre o perigo da preocupação.

Quais são algumas das lições que podemos tirar desses versículos?

1. Deus cuida muito bem dos pássaros, e eu sou mais importante para Ele do que muitos pássaros. É algo tão simples, mas profundo. Você já viu um pássaro ansioso? Parece que os pássaros têm algo para nos ensinar sobre a confiança em Deus. Se Deus cuida deles, com certeza cuidará de nós.
2. A minha preocupação não acrescenta nada para a minha vida. Por mais que fiquemos ansiosas, não temos o poder de mudar um segundo do futuro.
3. É sinal de pouca fé quando me preocupo. Quando duvidamos de alguém, isso mostra que não confiamos nele por completo.

4. Preocupação é característica dos que não conhecem a Deus, não dos que confiam nele. Nós falamos com frequência que confiamos em Deus, mas, se a ansiedade nos caracteriza, será que realmente confiamos nele?
5. Tenho o dever de buscar o Reino de Deus e deixar que Ele cuide de todo o resto. Deus já nos disse qual deve ser a nossa prioridade, que é o seu Reino. Precisamos fazer o que Deus pede.
6. O hoje é um presente de Deus: não o estrague preocupando-se com o amanhã. Não sabemos se teremos um amanhã! Salmos 118:24 diz: "Este é o dia que o Senhor fez; regozijemo-nos e alegremo-nos nele".

Para refletir e compartilhar

Das seis lições destacadas anteriormente, qual é a mais desafiadora para você? Como você poderá crescer nessa área?

Como que ansiedade reflete desconfiança de Deus?

2. TRANQUILAS DIANTE DE UM BOM PAI

Mateus 7:9-11, ainda no Sermão do Monte, ensina outras lições sobre a ansiedade:

> Ou qual dentre vós é o homem que, se porventura o filho lhe pedir pão, lhe dará pedra? Ou, se lhe pedir um peixe, lhe dará uma cobra? Ora, se vós, que sois maus, sabeis dar boas dádivas aos vossos filhos, quanto mais vosso Pai, que está nos céus, dará boas coisas aos que lhe pedirem?

Nós aprendemos que:

1. Deus é o nosso Pai e quer que nós o encaremos assim. Deus é o melhor Pai de todos!
2. Se eu que sou pecadora consigo dar presentes bons para os meus filhos, quanto mais o meu Pai me dará?

> **PARA REFLETIR E COMPARTILHAR**
>
> O relacionamento de um pai amoroso com sua filha querida descreve como você enxerga a Deus?

3. TRANQUILAS SOB OS CUIDADOS DE DEUS

Um texto muito encorajador nos lembra de que Deus já fez o mais difícil quando entregou seu próprio Filho por nós. O argumento que passa do maior para o menor, usado muito pelos rabinos antigos, ensina lições preciosas.

Romanos 8:32

> Aquele que não poupou o seu próprio Filho, antes, por todos nós o entregou, porventura, não nos dará graciosamente com ele todas as coisas?

Deus já me deu o que tem de mais precioso e totalmente de graça. Como posso duvidar dele e dos planos que Ele tem para mim?

> **PARA REFLETIR E COMPARTILHAR**
>
> Quando tentada a se preocupar, o seu normal é focar o problema, o que poderia acontecer, ou lembrar de tudo que Deus já fez e então descansar nele?
>
> Avalie esta declaração: "A fidelidade de Deus no passado é motivação no presente a prosseguir segura com Ele para o futuro".

4. TRANQUILAS EM JESUS

Deus não esconde de nós o fato de que enfrentaremos aflições sérias neste mundo que jaz no maligno. Nosso foco não deve estar nas aflições, mas naquele que as venceu.

João 16:33

> Estas coisas vos tenho dito para que tenhais paz em mim. No mundo, passais por aflições; mas tende bom ânimo; eu venci o mundo.

Esse versículo vem logo depois que Jesus explicou para os seus discípulos que todos eles iriam abandoná-lo, mas que Ele não estaria só, pois Deus estaria com Ele. Aqui vemos que:

1. A paz, o oposto de ansiedade, encontra-se em Jesus. Não desperdice o seu tempo procurando paz em outros lugares.
2. Nós enfrentaremos aflições — Jesus deixou isso muito claro — mas não devemos nos preocupar com isso, pois Ele já venceu o mundo! No fim, *tudo* realmente dará certo.

Eu nunca quis sugerir que coisas difíceis não acontecem. Jesus já nos advertiu que teremos aflições, sim! Mesmo quando o pior acontece, quando parece que nada faz sentido e que o mundo desmoronou, Deus continua sendo fiel. Ele ainda está no controle e ainda é um Pai que nos ama demais. Sentimos dor, medo, insegurança, confusão, solidão e muito mais — mas Deus pede que descansemos nele. Precisamos buscar conhecê-lo com tudo o que temos. Ele merece a nossa confiança.

Eu desconfio que muitas das nossas preocupações têm a ver com uma confusão na nossa mente. Se pararmos para pensar, sabemos que não temos o poder para influenciar muitos acontecimentos. Eu não tenho poder sobre o tempo – se fará calor, frio, sol ou chuva. Não consigo acrescentar ou diminuir à minha estatura, o tempo de vida que terei e muitas outras coisas também. Estas áreas, são da responsabilidade de Deus. Ele está no controle e Ele cuidará. Não adianta ficar preocupada, ansiosa, irada, ou qualquer outra emoção negativa pois não afetará em nada o que irá acontecer.

PARA REFLETIR E COMPARTILHAR

Onde você tem buscado a paz? Se não foi em Jesus, qual tem sido o resultado?

5. TRANQUILAS DENTRO DA VONTADE DE DEUS

Finalmente, podemos encontrar paz dentro da perfeita e já revelada vontade de Deus. Uma das principais causas de ansiedade diz respeito à misteriosa vontade divina, ou seja, a parte da vontade de Deus que ainda não foi revelada. No entanto, não deve ser assim, como esse texto nos lembra:

> As coisas encobertas pertencem ao Senhor, nosso Deus, porém as reveladas nos pertencem, a nós e a nossos filhos, para sempre, para que cumpramos todas as palavras desta lei (Deuteronômio 29:29).

Existem muitas áreas que são da nossa responsabilidade. Deus nos deu muitos princípios e diretrizes mostrando qual é a vontade dele em nossas vidas. Deus me deu a responsabilidade de cuidar do meu relacionamento com Ele, sondar o meu coração, deixar de pecar e cuidar das prioridades que Deus me deu — marido, filhos, casa, ministério etc.

Parece-me que muita da nossa ansiedade é fruto de pegar para nós a responsabilidade que pertence a Deus e não focar naquilo que Deus pediu que fizéssemos. No capítulo 12, contei um pouco da nossa história, de quando Deus pediu que cuidássemos da nossa netinha cardiopata, Hadassah. No cuidado dela havia *muitas* áreas legítimas de preocupação. O custo do cuidado dela era muito além da nossa possibilidade financeira. Sua saúde era extremamente frágil. Não sou da área da saúde, então tudo era muito novo e estranho para mim. Nessa situação existia uma mistura da responsabilidade de Deus com a minha.

Se Deus colocou a Hadassah em nossas mãos para cuidar, então era nossa responsabilidade aprender todo o possível sobre os cuidados dela. Precisávamos correr atrás das consultas, dos tratamentos, da dieta e muito mais. Contudo, não era a minha responsabilidade *fazer* tudo acontecer — o desenvolvimento dela, as datas de procedimentos cirúrgicos, as ofertas que receberíamos para seus medicamentos e muito mais.

Resumindo, precisamos ser responsáveis por aquilo que Deus colocou sob nossos cuidados — trabalhar, investir em relacionamentos, obedecer à Palavra de Deus... mas o resultado disso tudo pertence a Ele. Isso me dá muita paz, pois não depende de mim!

Eu tinha os meus sonhos para a Hadassah, mas eu também sabia que a decisão final não era minha, que eu não tinha o poder para fazer muita coisa acontecer, então só podia descansar, sabendo que Deus estava no controle. Isso tirou um peso muito grande dos meus ombros. Nosso Pai sempre quer o melhor para os seus filhos.

> **PARA REFLETIR E COMPARTILHAR**
>
> Quais são as áreas que pertencem a Deus que você tem o hábito de pegar para você?
>
> Existem áreas que Deus lhe deu para cuidar, mas você está deixando de lado?

> **A GRANDE IDEIA**
>
> O poder da Palavra corta a corrente da ansiedade e dá tranquilidade para todos que descansam nele.

CONCLUSÃO

Para quem vive olhando apenas para o que é meramente terreno, existem *muitas* razões para se preocupar. No entanto, quando decidimos obedecer ao que Deus nos fala, buscando em primeiro lugar o seu reino, Ele cuida de tudo, e podemos descansar. Talvez não entenderemos o que está acontecendo, talvez seja desagradável e difícil, mas precisamos confiar no Deus que nos ama ao ponto de entregar o seu Filho por nós. Ele sabe o que faz, por isso podemos confiar nele e experimentar a tranquilidade no fundo da nossa alma.

15 Mulheres contentes

Conta-se a história de um casal de fazendeiros já avançado em idade que era muito pobre. Um dia, chegaram à conclusão de que deveriam vender a sua única vaca para conseguirem o dinheiro necessário para passarem o inverno com comida suficiente e lenha para queimar. O marido saiu pela manhã em busca de alguém que comprasse o seu animal.

Logo encontrou outro fazendeiro que era muito bom de papo e que estava vendendo um burrinho. Conversa vai, conversa vem, e o nosso amigo foi convencido de que o burro era muito mais útil e fácil de vender, então fizeram uma troca.

Um pouco mais adiante, encontrou uma mulher que queria trocar sua ovelha pelo burro. Pensando que era um bom negócio, o velhinho concordou. Andando mais pelo caminho, alcançou um moço que tinha uma porquinha para vender. Pensou rapidamente e novamente, decidiu trocar. Depois disso, ainda trocou a porca por dois cobertores, os cobertores por uma galinha e, por fim, a galinha por luvas bem quentes.

Agora já era tarde e o velho estava com frio e fome. Antes de voltar para casa resolveu parar em uma pousada para comer. Ali ele fez a sua última troca — as luvas por uma refeição. Enquanto comia, comentou com um senhor que também ali jantava sobre tudo que acontecera durante o dia. O homem exclamou:

— Não queria estar na sua pele! A sua mulher vai *ficar* muito chateada com você. Não quero nem imaginar a bronca que irá receber!

O velhinho olhou calmamente para ele e disse:

— A minha esposa não vai achar ruim. Ela me ama e é uma mulher contente com o que tem.

— Duvido! — exclamou o outro. — Você ainda vai apanhar quando chegar em casa!

— Não vou, não — respondeu. — Ela me aceitará de braços abertos.

Os dois continuaram discutindo até que o primeiro apostou um pote de ouro que a mulher iria ficar brava com ele. O fazendeiro aceitou a aposta e convidou-o para acompanhá-lo até a sua casa. Chegando lá, disse para ficar atrás da porta para ouvir tudo.

A conversa foi mais ou menos assim:

— Oi, querido, que bom que você chegou em casa. Já estava começando a me preocupar. Conte-me como foi o seu dia.

— Meu bem, — disse o marido. — Assim que saí daqui, logo encontrei com um homem que quis trocar um burrinho pela nossa vaca, então troquei.

— Que bom! — disse a esposa. — Agora não precisaremos mais ir a pé para a vila, e isso nos ajudará demais.

— Mas, um pouco adiante, uma mulher queria o burrinho e me deu uma ovelha em troca — respondeu o marido.

— Melhor ainda! Agora teremos lã para fazer blusas quentes e não passaremos frio!

— Bem, não fiquei com a ovelha, pois resolvi trocar por uma porquinha.

— Ótimo! — Retrucou a esposa. — A porquinha irá crescer e poderemos ter mais porcos que será muito bom para nós.

— Pois é, mas também acabei trocando a porca por cobertores quentes.

— Ah, meu marido, como você é sábio. Dormiremos tranquilos neste inverno!

— Sim, também achei, mas fui convencido a trocar os cobertores por uma galinha.

— Então teremos ovos todos os dias! Que delícia! Muito obrigada!

— Teria sido bom ter a galinha, mas já estava escurecendo e ficando frio, então troquei a galinha por umas luvas quentes.

— Pois fez bem. Não gostaria que passasse frio e voltasse doente para casa. Foi a melhor troca.

— Por fim, estava voltando para casa, mas me deu uma fome! Então parei em uma pousada para comer e resolvi trocar as luvas por uma comida quente.

— Ainda bem que você parou para comer. Teria ficado muito triste se tivesse desmaiado de fome pelo caminho. Estou muito contente que conseguiu voltar para casa.

Os dois se abraçaram, e então o companheiro, que estava escondido atrás da porta, saiu. Ele não conseguia acreditar no que havia presenciado. Entregou o pote de ouro para o casal e foi embora.

A moral da história? Viver contente em toda e qualquer situação leva a tesouros maiores que a nossa imaginação!

A esposa da nossa história conhecia o segredo de "viver contente em toda e qualquer situação". Ela sabia que a felicidade não vinha de coisas materiais ou situações. E de onde ela vem, então? Como podemos viver uma vida contente?

Para refletir e compartilhar

Qual foi a sua reação diante dessa história fictícia? Como teria sido a sua resposta se você fosse a esposa?

O que eu preciso para realmente poder dizer "Estou contente"? Saúde perfeita? Um passeio que saiu exatamente conforme o planejado? Todas as contas em dia? Um marido? Uma gravidez? Filhos obedientes? Um marido mais companheiro? Um dia em que seja possível realizar todas as tarefas planejadas?

Vivemos como se a nossa alegria dependesse das circunstâncias, mas vamos descobrir que o segredo do verdadeiro contentamento se baseia em conhecer intimamente a Cristo, ter confiança em Cristo e ser como Cristo.

1. *CONHECER* A CRISTO

Em primeiro lugar, precisamos conhecer intimamente aquele que se deu por nós. Se "para mim o viver é Cristo", o alvo deve ser conhecê-lo acima de tudo. Como Ele é? Como Ele encara as diversas situações e frustrações que nos cercam?

Paulo dá seu testemunho de contentamento em Filipenses 3:8-10 (NVI):

> Mais do que isso, considero tudo como perda, comparado com a suprema grandeza do conhecimento de Cristo Jesus, meu Senhor, por quem perdi todas as coisas. Eu as considero como esterco para poder ganhar Cristo e ser encontrado nele, não tendo a minha própria justiça que procede da Lei, mas a que vem mediante a fé em Cristo, a justiça que procede de Deus e se baseia na fé. Quero conhecer Cristo, o poder da sua ressurreição e a participação em seus sofrimentos, tornando-me como ele em sua morte.

Para conhecer mais a Cristo, preciso fazer algumas perguntas básicas: Qual é o meu alvo, e em quem deposito a minha esperança?

A. Qual é o meu alvo?

Quando nos encontramos em situações difíceis, estamos com raiva ou chateadas por qualquer razão, precisamos nos perguntar: qual é o meu alvo aqui? Conhecer a Cristo? Ou estou mais interessada no conforto, ou em salvar minha própria reputação, ou em me divertir? Duas perguntas que servem para esclarecer se os objetivos batem com os de Deus são:

1. O que eu realmente quero?
2. Estou disposta a pecar para conseguir o que eu quero?

Muitas vezes as coisas que queremos são até boas. Uma mãe com filhos pequenos quer cinco minutos de paz para ficar no banheiro sem ninguém bater na porta! Uma esposa deseja muito a salvação do seu marido. Uma jovem tem o sonho de se casar um dia. Não há nada de errado com esses desejos. O problema se encontra no quanto os desejamos. Se estamos dispostos a pecar para conseguir aquilo, (gritar com os filhos, chatear o marido ou diminuir o padrão bíblico para se casar), então aquele desejo se tornou um ídolo do coração. O seu querer se tornou maior do que a vontade de Deus.

As piores situações podem ser instrumentos para conhecer Cristo melhor. A luz de Cristo brilha muito mais forte nas situações mais escuras. Se o coração estiver bem, focado em Cristo, mesmo nas piores circunstâncias sentiremos paz e alegria.

Por outro lado, nas melhores circunstâncias, se o coração não estiver bem, não estaremos contentes.

Aqui na Terra, as coisas não andam corretamente, mas estar contente não depende disso.

B. Em quem deposito a minha esperança?

Uma segunda pergunta que nos ajuda a conhecer Cristo melhor tem a ver com nossa esperança. Se a nossa esperança pelo futuro estiver verdadeiramente em Cristo, então levaremos a Jesus as nossas preocupações e necessidades do presente. Essa deverá ser a primeira reação quando as preocupações nos ameaçam.

Mais uma vez, Paulo nos ajuda quando nos exorta em Filipenses 4:6,7:

> Não andeis ansiosos de coisa alguma; em tudo, porém, sejam conhecidas, diante de Deus, as vossas petições, pela oração e pela súplica, com ações de graças. E a paz de Deus, que excede todo o entendimento, guardará o vosso coração e a vossa mente em Cristo Jesus.

Existe uma progressão nesses versículos.

1. ***Levar as preocupações a Ele.*** Em primeiro lugar, precisamos depositar aos pés de Cristo tudo o que nos torna ansiosas. Tenho uma imagem mental em que pego aquele pensamento que me aflige, anoto

em uma folha, coloco dentro de um envelope e entrego a Deus, dizendo: "Toma, Senhor, isto não pertence a mim". Infelizmente, muitas vezes parece que a cada cinco segundos estou entregando novamente o envelope, pois já o peguei de volta!

2. **Agradecer a Deus.** Ao entregar nossos anseios a Deus, devemos fazê-lo de forma completa, a ponto de podermos agradecer a Ele pela situação. Isso demonstra uma confiança total nele, pois agradecemos mesmo antes de recebermos a resposta.
3. **Descansar.** Ao lembrarmos da grandeza do nosso Deus e das suas promessas, teremos como descansar.
4. **Receber a paz.** E então, receberemos a paz que o mundo não consegue entender.

Imagine uma criança, Lúcia, que ama andar de bicicleta. Finalmente chegou o dia tão esperado em que todos os amiguinhos se encontrarão para andarem juntos. Ela acorda cedo, se arruma, mas quando pega a bicicleta vê que o pneu está murcho. Ela volta para dentro de casa com um semblante triste, cabisbaixo, com os ombros caídos e arrastando os pés. Tem até uma lágrima escorrendo no seu rosto.

Acontece que Lúcia tem um pai amoroso e muito capaz. Ele olha para a sua filha e pergunta a razão da sua tristeza. Lúcia lhe conta o seu enorme problema e o seu desapontamento agudo. O pai olha com carinho e amor para ela e diz: "Fique tranquila. Me dê a sua bicicleta. Eu arrumo rapidinho para você".

O rosto de Lúcia se transforma em sorrisos de alegria. Abraçando o pai ela diz: "Obrigada, pai!". Com grande alegria ela espera calmamente, em paz, pois o pai disse que consertaria.

Não devemos ser como a Lúcia? Também temos um pai amoroso e capaz que já nos disse que cuidará de tudo. Podemos descansar nele.

PARA REFLETIR E COMPARTILHAR

A imagem mental de entregar uma carta para Deus contando suas preocupações, ou da Lúcia com a bicicleta quebrada, pode ajudar você com as ansiedades que carrega?

Existe neste momento algo de peso em sua vida que gostaria de entregar para Deus?

2. TER *CONFIANÇA* EM CRISTO

Quanto mais procuro conhecer Cristo, mais a minha confiança nele cresce. Quando começo a entender o caráter dele, os objetivos que Ele tem para mim, o amor demonstrado, descanso mais.

Paulo também fala sobre isso em Filipenses 3:1-7 (NVI):

> Finalmente, meus irmãos, alegrem-se no Senhor! Escrever-lhes de novo as mesmas coisas não é cansativo para mim e é uma segurança para vocês. Cuidado com os cães, cuidado com esses que praticam o mal, cuidado com a falsa circuncisão! Pois nós é que somos a circuncisão, nós que adoramos pelo Espírito de Deus, que nos gloriamos em Cristo Jesus e não temos confiança alguma na carne, embora eu mesmo tivesse razões para ter tal confiança. Se alguém pensa que tem razões para confiar na carne, eu ainda mais: circuncidado no oitavo dia de vida, pertencente ao povo de Israel, à tribo de Benjamim, verdadeiro hebreu; quanto à lei, fariseu; quanto ao zelo, perseguidor da igreja; quanto à justiça que há na lei, irrepreensível. Mas o que para mim era lucro, passei a considerar perda, por causa de Cristo.

Aqui aprendemos três princípios fundamentais para uma vida de contentamento em que confiamos somente em Cristo.

A. A nossa confiança não está nas conquistas

Nestes versículos Paulo conta tudo que havia feito no passado, mas que considerava sem valor em comparação com o que Cristo oferece. Ele não colocou a sua confiança em conquistas humanas, pois sabia que não eram suficientes para lhe dar a satisfação.

B. A nossa confiança não está nas circunstâncias

Quantas vezes sou tentada a pensar ou até falar coisas como "se acontecer 'X', então serei completamente contente".

Por exemplo, posso pensar que eu realmente ficaria contente se eu pudesse:

- Adquirir algo para a casa.
- Comprar uma roupa que tanto quero.
- Emagrecer alguns quilos.
- Ser curada.
- Ver a salvação da amiga, da filha, do marido etc.
- Resolver aquele problema.

O mundo associa contentamento a objetivos materiais. Como também fazemos parte deste mundo, é natural pensarmos como o mundo. Contudo, Deus nos desafia a sermos diferentes. Nesse sentido, realmente somos "extraterrestres".

C. A nossa confiança está em Cristo

Finalmente, aprendemos que nosso viver deve ser além daquilo que vemos e experimentamos. O objetivo precisa ser maior — deixar Deus nos moldar para que sejamos mais como Cristo. Será que confiamos em Deus o suficiente para deixar que Ele assuma o total controle de tudo?

Sempre gostei de escalar montanhas e subir em pedras. Anos atrás, fui presenteada com um curso de alpinismo e depois dirigi momentos de rapel com os nossos alunos do Seminário Bíblico Palavra da Vida. Subíamos a Pedra Grande em Atibaia. Lá, em uma pedra alta, eu ancorava bem as cordas e colocava nos alunos as fitas e todo o equipamento necessário para conseguirem descer o penhasco em segurança. Era impossível eles caírem. Para descerem os vinte metros da pedra ao chão, os alunos tinham de puxar a corda à qual estavam presos, até o chão. O quanto que afrouxavam a corda era o tanto que iriam descer. Ao mesmo tempo havia uma cordinha extra de segurança amarrada na corda principal. Os alunos tinham de manter o nó da cordinha de segurança junto com eles para não ficarem presos. A mão direita, atrás do corpo, puxava a corda para afrouxar um pouco, e a mão esquerda segurava o nó para não travar a descida.

Alguns alunos desciam com muita confiança e diversão. Outros, que talvez tivessem medo de altura, travavam. O rapel não exige força nenhuma no braço — apenas o bastante para puxar a corda e levar o nó junto. No entanto, eu via alguns alunos exercendo uma força tremenda ao segurar na corda com a mão esquerda, por cima do nó. Logo cansavam. Eu pedia então para tirarem essa mão da corda. Eu precisei convencer alguns a finalmente tirarem a mão dali, ao tirar a mão, até davam um tchauzinho para mim. Eu queria que vissem que toda força com que estavam agarrados à corda não servia absolutamente para nada! Não era a mão que os segurava e sim a corda. Eles se cansavam sem necessidade, pois aquela atitude não afetava em nada a sua segurança!

Quando confiamos mais nas conquistas e circunstâncias do que em Deus, somos como alguém que exerce muita força até o ponto de exaustão, sem afetar o resultado.

Se não estamos contentes, é sinal de que estamos confiando em algo mais do que confiamos em Deus. Dependemos mais do conforto, da reputação, da saúde, situação financeira ou confiamos em Deus? Nosso descanso deve estar ancorado em Cristo e na confiança que temos nele.

Para refletir e compartilhar

Você realmente confia que Deus tem o melhor plano para a sua vida e que Ele sabe o que faz? Ou você sofre a tentação de ter um Plano B, pois não confia por completo?

Existe algo na sua vida, a conquista de um diploma, a situação financeira, a carreira, a posição que ocupa na igreja, em que você deposita a sua confiança mais do que em Deus?

3. SER *COMO* CRISTO

Uma vez que conhecemos Cristo e depositamos a confiança nele, o próximo passo é querer ser como Ele. Se para mim o viver é Cristo, então terei a perspectiva dele sobre a vida. Não é uma vitória de uma vez por todas, e sim uma batalha contínua. O Espírito milita contra a carne, e a carne, contra o Espírito (Gálatas 5:17). Contudo, Deus estará conosco nessa luta. E Ele é glorificado em nós pelo próprio fato de lutarmos.

Para sermos mais como Cristo, precisamos entender melhor como essa luta funciona. Há duas naturezas com dois objetivos totalmente opostos entre si. A natureza humana tende à insatisfação e ao egocentrismo, enquanto a mentalidade de Cristo tende ao contentamento e ao outrocentrismo.

A. Insatisfação humana

> O inferno e o abismo nunca se fartam, e os olhos do homem nunca se satisfazem (Provérbios 27:20).

Nascemos com uma natureza que nunca se satisfaz. Por isso, Deus precisa nos dar uma natureza nova, de uma nova criatura (2Coríntios 5:17). Você já viu alguém que tem dinheiro suficiente estar satisfeita com a quantidade de roupa em seu guarda-roupa, se contentar com o cabelo do jeito que ele é e ter o corpo que deseja? Ao ser indagado sobre quanto dinheiro alguém precisa para realmente ficar contente, o milionário John D. Rockefeller respondeu, "Somente um pouco mais".[1]

B. A mentalidade de Cristo

Em contraste com a insatisfação humana, que sempre quer mais e nunca fica contente porque foca em si mesma, encontramos a mentalidade de Cristo:

> Tende em vós o mesmo sentimento que houve também em Cristo Jesus, pois ele, subsistindo em forma de Deus, não julgou como usurpação o ser igual a Deus; antes, a si mesmo se esvaziou, assumindo a forma de servo, tornando-se em semelhança de homens; e, reconhecido em figura humana, a si mesmo se humilhou, tornando-se obediente até à morte e morte de cruz (Filipenses 2:5-8).

---

[1] MOORE, Byron. "How much Money is Enough". Disponível em: https://www.shreveporttimes.com/story/news/local/blogs/2017/12/10/how-much-money-enough/930449001/. Acesso em: 24 out. 2024.

Jesus se esvaziou de tudo para realizar os propósitos de Deus. O objetivo de Jesus era fazer a vontade do Pai. Mesmo sendo Deus, Ele entendeu que a realização vem por meio da confiança e submissão completa ao Pai. A vida dele foi uma vida totalmente outrocêntrica e não egocêntrica. O verdadeiro contentamento só vem quando somos cada vez mais *como* Cristo e vivemos a nossa vida mais para dar do que para receber (veja Marcos 10:45).

> **PARA REFLETIR E COMPARTILHAR**
>
> Quais são as áreas da sua vida em que normalmente você se sente insatisfeita? Como você poderia aplicar o outrocentrismo vindo de uma vida submissa a Jesus nessa área?

CONCLUSÃO

Reconheço que para mim, seria muito difícil reagir com o mesmo nível de contentamento da esposa do homem que saiu para vender uma vaca e voltou com as mãos vazias. Apesar disso, quero ser cada vez mais uma mulher contente e não contenciosa, satisfeita com Cristo e não somente com as dádivas de Cristo.

Se o contentamento depender das nossas posses, capacidades ou conquistas, nunca chegaremos lá. Sempre correremos o risco de falhar ou de encontrar alguém mais capaz do que nós, ou que tem mais do que nós e então ficaremos desanimadas e descontentes. Contudo, se o objetivo é ser como Cristo, então toda situação é motivo de alegria, porque Deus usa tudo para nos tornar mais parecidos com o seu Filho.

> **A GRANDE IDEIA**
>
> O segredo do verdadeiro contentamento baseia-se em conhecer Cristo intimamente, ter confiança nele e aprender a ser como Ele.

16 | Mulheres gratas

Q UANDO NOSSOS FILHOS ERAM pequenos, demos muita importância ao hábito de dizer "Por favor" e "Obrigado". Eles não recebiam o que queriam se não pedissem da forma certa e se recusassem a agradecer, era retirado o que ganharam. Faz parte de uma boa educação; ao receber um presente, quando alguém lhe faz um favor ou ajuda com uma tarefa, espera-se uma resposta de gratidão.

Queremos que outros nos vejam como educadas e simpáticas, mas será que nos contentamos apenas com a *aparência* de sermos educadas e simpáticas? Facilmente agradecemos, mas poderíamos dizer que *somos* pessoas gratas? Somos *caracterizadas* pela gratidão? Ou somos mais inclinadas a reclamar, resmungar e focar mais o que é negativo do que o que é positivo?

Acho que queremos ser gratas, porém, por causa da nossa natureza pecaminosa, enxergamos as situações difíceis, interpretamos de forma errada e deixamos de confiar o suficiente em Deus para agradecer. Graças a Deus, não estamos presas ao natural! Deus enviou Jesus para nos salvar dessa natureza pecaminosa e nos dar uma nova vida, uma vida que agora consegue ser grata pela dependência em Cristo. Em nós mesmas não somos capazes de obedecer ao que Deus pede de nós, mas, para quem já abraçou a salvação oferecida por meio de Jesus, é possível sim. Jesus quer viver a sua vida em nós e pede que dependamos dele para agirmos da maneira correta.

Então o que Deus pede de nós quanto à gratidão?

Vamos trabalhar quatro esferas em que a Bíblia nos exorta a agradecer:

1. Agradecemos a Deus por quem Ele é.
2. Agradecemos a Deus pelo que Ele faz.
3. Agradecemos a Deus como ato de louvor.
4. Agradecemos a Deus, pois isso é uma ordem.

Podemos resumir a lição das Escrituras dizendo que a gratidão caracteriza quem conhece e confia em Deus.

1. AGRADECEMOS A DEUS POR QUEM ELE É

Encontramos vários textos que testemunham essa resposta diante da grandeza, do caráter e da bondade do nosso Deus. Veja alguns dos atributos de Deus que são motivo de gratidão pelo salmista:

- Sou grata porque Ele é *meu* Deus:
  Tu és o meu Deus, render-te-ei graças; tu és o meu Deus, quero exaltar-te (Salmos 118:28).

- Sou grata porque Ele é *bom*:
  Rendei graças ao Senhor, porque ele é bom, e a sua misericórdia dura para sempre (Salmos 107:1; veja Salmos 118:1, 29; 136:1).

- Sou grata porque Ele é a minha *força* e o meu *escudo*:
  O Senhor é a minha força e o meu escudo; *nele o meu coração confia, nele fui socorrido; por isso, o meu coração exulta, e com o meu cântico o louvarei* (Salmos 28:7).

Existem muitos outros versículos que nos falam de atributos louváveis do nosso Deus. Esses que citamos incluem tanto um atributo como uma resolução pelo salmista de agradecer ou louvar a Deus por essa qualidade de caráter dele.

E quais seriam alguns outros atributos de Deus que apreciamos?

- O fato de Deus ser onipotente (todo-poderoso) nos conforta, pois diz que Ele tem como mudar as circunstâncias.
- Por Ele ser onisciente (saber tudo) nos acalma, pois confiamos que Ele conhece tudo e está no controle.
- A onipresença dele (estar em todos os lugares ao mesmo tempo) nos tranquiliza, pois sabemos que Ele sempre está conosco e nada acontece escondido.
- O fato de Deus ser amoroso, bondoso e sempre querer o nosso bem nos aquieta, pois podemos descansar nele mesmo sem entender a razão da circunstância.

> **PARA REFLETIR E COMPARTILHAR**
>
> Escolha um atributo de Deus pelo qual você quer agradecer. Como essa qualidade divina lhe oferece conforto? De que forma isso tem sido algo muito importante em sua vida?

Aprender a ser grata não é nada fácil para nós, mulheres. As exortações bíblicas para sermos gratos foram muito importantes para mim vários anos atrás quando eu esperava o nascimento do meu primeiro neto. Nossa filha Michelle morava no exterior naquela época, e Davi me disse que eu poderia viajar para passar duas semanas com ela, ajudando na adaptação à vida como mãe de primeira viagem. Como o bebê iria nascer de parto normal, tivemos que adivinhar a data mais provável da chegada e então compramos a passagem aérea. Quinze dias antes da viagem, a Shelly, nossa filha, ligou avisando que estava em trabalho de parto.

Naquele momento eu enfrentei uma luta dentro do meu coração, mas eu realmente tinha um desejo de acertar na minha reação perante o desapontamento de perder o parto. Eu queria confiar em Deus o suficiente para não reclamar, mas agradecer, sabendo que o plano dele sempre visa à sua glória e ao nosso bem. Confesso que não foi nada fácil, mas descansei na bondade e sabedoria de Deus.

De fato, nosso neto Davizinho nasceu naquela noite, mas Deus me deu um presente, pois inesperadamente naquela época, conseguimos antecipar a minha viagem por uma semana e acabei passando três semanas curtindo o meu netinho. Não entendo as razões por que Deus não quis que eu estivesse presente na hora do nascimento de mais um Davi em nossa família, mas por conhecer o caráter do meu Deus, pude confiar no plano perfeito dele para mim.

PARA REFLETIR E COMPARTILHAR

Você consegue se lembrar de uma ocasião em que Deus mudou completamente os planos dele para o seu grande desgosto? Qual foi a sua reação? Olhando para trás, você consegue ver algo de bom que Deus fez?

Por que é tão difícil para nós lembrarmos dos atributos de Deus em momentos de desapontamento? O que podemos fazer para ajudar nesses momentos?

Há uma segunda razão pela qual devemos agradecer a Deus. O Deus que *é* bom também *faz* o bem.

2. AGRADECEMOS A DEUS PELO QUE ELE FAZ

Muitos textos bíblicos comemoram os grandes feitos de Deus em prol do seu povo. Vamos listar somente algumas passagens em que o autor bíblico louva a Deus pelo que Ele faz:

- *Ele nos ama*
  Que eles deem graças ao Senhor por seu amor leal e por suas maravilhas em favor dos homens, porque ele sacia o sedento e satisfaz plenamente o faminto (Salmos 107:8,9 – NVI).

- *Ele está perto*
  Damos-te graças, ó Deus, damos graças, pois perto está o teu nome; todos falam dos teus feitos maravilhosos (Salmos 75:1 – NVI).

- *Ele cura*
  Um dos dez, vendo que fora curado, voltou, dando glória a Deus em alta voz, e prostrou-se com o rosto em terra aos pés de Jesus, agradecendo-lhe; e este era samaritano (Lucas 17:15,16).

- *Ele alimenta*
  Então, Jesus tomou os pães e, tendo dado graças, distribuiu-os entre eles; e também igualmente os peixes, quanto queriam (João 6:11).

- *Ele nos dá a vitória por meio de Jesus*
  Graças a Deus, que nos dá a vitória por intermédio de nosso Senhor Jesus Cristo (1Coríntios 15:57).

- *Ele nos conduz em vitória*
  Graças, porém, a Deus, que, em Cristo, sempre nos conduz em triunfo e, por meio de nós, manifesta em todo lugar a fragrância do seu conhecimento (2Coríntios 2:14).

Poderíamos passar um bom tempo falando dos grandes feitos do nosso Deus. Deus não somente *é* bom. Ele *faz* o que é bom.

Voltando à minha história, os anos passaram, e eu já esperava o nascimento do meu vigésimo neto, filho da nossa filha caçula, Keila. Ela mora perto de nós e combinamos que eu cuidaria do filho mais velho quando chegasse a hora de ir para o hospital.

Acontece que a nossa agenda estava cheia. No final de semana perto da data prevista do parto, Davi e eu viajamos para o Acre, orando o tempo todo para que a criança esperasse a nossa volta antes de nascer. Chegamos em casa e Deus atendeu à nossa oração. O pequeno Daniel ainda não havia nascido.

No entanto, Daniel continuou não querendo sair do seu conforto no ventre materno. No próximo final de semana tínhamos mais uma viagem, dessa vez até Boa Vista, Roraima. Dessa vez eu realmente relutei. Minhas conversas com Deus focavam mais em convencê-lo de que o meu plano era melhor do que o plano dele e custou para eu entregar-lhe a minha vontade.

Eu tinha certeza de que dessa vez eu iria perder mesmo o parto. Então, combinamos com a Shelly, que nesta altura morava no Brasil, para cuidar do filho mais velho da Keila na hora do parto. Porém, logo depois que nós saímos para Boa Vista, alguns da família da Shelly testaram positivo para covid, e ela não poderia mais ajudar! Confesso que a minha atitude não demonstrou uma confiança plena em um Deus de amor que faz tudo para o nosso bem! Foi uma luta dentro de mim o tempo todo.

Deus, sendo misericordioso e gracioso, segurou o parto aquele fim de semana. Conseguimos chegar em casa, e dentro de algumas horas Keila teve o Daniel. Nós ficamos com o irmão mais velho, Calvin. Realmente não mereci essa bondade de Deus, mas sou grata pelo que Ele fez. Nem sempre a nossa vida acontece do jeito que gostaríamos, mas Deus sempre é fiel e faz tudo para sua própria glória e para o nosso bem.

> **PARA REFLETIR E COMPARTILHAR**
>
> Pense em alguns feitos de Deus pelos quais você gostaria de agradecer agora. Pode compartilhar com outras mulheres?

3. AGRADECEMOS A DEUS COMO ATO DE LOUVOR

O hábito de agradecer a Deus caracteriza o povo de Deus e constitui um ato de louvor que agrada a Deus. Como disse o salmista:

> Cantai ao Senhor com ações de graças; entoai louvores, ao som da harpa, ao nosso Deus (Salmos 147:7).

Vejamos alguns momentos em que devemos louvar a Deus com gratidão:

- *Quando vemos a sua justiça*
  > Eu, porém, renderei graças ao Senhor, segundo a sua justiça, e cantarei louvores ao nome do Senhor Altíssimo (Salmos 7:17).

- *Quando experimentamos o seu favor*
  Salmodiai ao Senhor, vós que sois seus santos, e dai graças ao seu santo nome. Porque não passa de um momento a sua ira; o seu favor dura a vida inteira. Ao anoitecer, pode vir o choro, mas a alegria vem pela manhã (Salmos 30:4,5).
- *Quando nos maravilhamos com a sua grandeza*
  Louvarei com cânticos o nome de Deus, exaltá-lo-ei com ações de graças (Salmos 69:30).
- *Quando apreciamos a sua proximidade*
  Entrai por suas portas com ações de graças e nos seus átrios, com hinos de louvor; rendei-lhe graças e bendizei-lhe o nome (Salmos 100:4).

Nesses versículos a gratidão está ligada ao louvor e à adoração. Os textos pedem para cantarmos, tocarmos instrumentos, ficarmos alegres! É muito natural cantarmos quando estamos felizes. Por outro lado, a música e o louvor a Deus nos consolam quando estamos tristes e nos ajudam a focar o que realmente tem valor eterno. Deus recebe louvor quando somos gratas.

Dois dias após o falecimento da nossa netinha Hadassah, de dois anos e meio, toda a nossa família estava reunida na casa do nosso filho primogênito, Davi, e sua esposa, Dri. Choramos juntos e conversamos, lembrando tantos momentos bons; mas a atividade principal naquele momento foi de ouvir músicas de louvor a Deus, hinos e cânticos que ministraram profundamente aos nossos corações. Mesmo com tanta dor, pudemos agradecer a Deus por tudo que Ele tinha feito em e por meio da pequena Hadassah naquele momento. Parafraseando o que disse Jó, "O Senhor a deu e o Senhor a tomou; bendito seja o nome do Senhor! (Jó 1:21).

Muitas vezes, quando sou tentada a focar os problemas, tento pensar na grandeza de Deus e elevar os meus olhos para Ele e logo brota um espírito de adoração em meu coração.

Para refletir e compartilhar

Você já teve a experiência em que Deus usou a música para transformar os seus sentimentos de ingratidão em um ato de louvor?

Como focar na grandeza dos atos de Deus pode nos tornar pessoas mais gratas?

4. AGRADECEMOS A DEUS, POIS ISSO É UMA ORDEM

Até aqui, alguém poderia talvez pensar que gratidão é uma opção — bela em si — mas talvez um pouco idealista. Afinal, a vida é dura e nem sempre poderemos achar motivos para agradecer a Deus.

No entanto, as Escrituras deixam muito claro o fato de que gratidão é "a marca de grife" do cristão. Não é opcional; é uma ordem.

Vários textos bíblicos nos exortam a agradecer. É uma ordem...

- *Dada a todas as criaturas*
  Rendam-te graças todas as tuas criaturas, Senhor, e os teus fiéis te bendigam (Salmos 145:10 – NVI).

- *Que substitui conversas inconvenientes*
  Não haja obscenidade nem conversas tolas nem gracejos imorais, que são inconvenientes, mas, ao invés disso, ação de graças (Efésios 5:4 – NVI).

- *Inclui todas as coisas*
  dando sempre graças por tudo a nosso Deus e Pai, em nome de nosso Senhor Jesus Cristo (Efésios 5:20).

- *É como apresentamos nossos pedidos*
  Não andeis ansiosos de coisa alguma; em tudo, porém, sejam conhecidas, diante de Deus, as vossas petições, pela oração e pela súplica, com ações de graças (Filipenses 4:6).

- *Descreve a forma de viver e adorar*
  Ora, como recebestes Cristo Jesus, o Senhor, assim andai nele, nele radicados, e edificados, e confirmados na fé, tal como fostes instruídos, crescendo em ações de graças (Colossenses 2:6,7; veja Hebreus 12:28).

Sermos gratas não é opção para as filhas do Rei. É uma ordem e temos de obedecer. Os versículos deixam muito claro que todas as criaturas em todos os momentos e em todas as circunstâncias precisam manifestar gratidão. Mas como?

Será que precisamos agradecer pelo falecimento de alguém querido? Por um assalto? Pela doença grave? Por dificuldades na família? Por falta de dinheiro? Por desconforto? Pela aparência? Por cansaço? Por não conseguir realizar os sonhos?

Não precisamos agradecer pelos fatos difíceis em si (doença, roubo, falecimento etc.), mas agradecer a Deus como ato de confiança nele. Não tanto agradecer *pela* circunstância difícil, mas *em meio* à circunstância difícil. É ter confiança nele sabendo que Ele é grande o suficiente para usar até os piores momentos e circunstâncias para formar algo belo e bom.

Esse é o real sentido do texto usado tantas vezes de forma leviana para consolar alguém em circunstâncias difíceis. No eterno plano de Deus, nós o agradecemos porque sabemos que, às vezes de forma incompreensível para nós, Ele faz com que *tudo* coopere para o bem *de sermos conformados à imagem do seu filho*. Por isso, eu posso agradecer:

Sabemos que todas as coisas cooperam para o bem daqueles que amam a Deus, daqueles que são chamados segundo o seu propósito. Pois aqueles que Deus de antemão conheceu ele também predestinou para serem conformes à imagem de seu Filho, a fim de que ele seja o primogênito entre muitos irmãos (Romanos 8:28,29)

Quando passamos por algo difícil, ou simplesmente estamos chateadas com uma situação, precisamos parar e avaliar. Nós apenas enxergamos o aqui e agora, mas Deus tem a visão da situação toda. Ele está trabalhando, orquestrando tudo para a sua honra e a sua glória. Quando somos gratas, pela fé, descansando nele, Deus faz uma obra em nossa vida, tornando-nos mais parecidas com Jesus. Não existe nada melhor do que ser transformada à imagem de Cristo.

PARA REFLETIR E COMPARTILHAR

Como você reage diante da ordem de sermos gratas? Em que momentos você tem mais dificuldade em obedecer?

CONCLUSÃO

Todos os dias enfrentamos a decisão de sermos gratas ou não. Para o mundo, não faz sentido nenhum agradecer em meio a tribulações e dificuldades, mas para nós, que somos filhas do Rei, que conhecemos quem Ele é e o que Ele faz, como ato de louvor e em obediência a Ele, podemos, sim, agradecer. Deus é glorificado por meio da nossa gratidão e nos transforma a cada dia para sermos mais e mais como Jesus. *"Em tudo dai graças*, porque esta é a vontade de Deus em Cristo Jesus para convosco!" (1Tessalonicenses 5:22).

> **A GRANDE IDEIA**
>
> A gratidão caracteriza quem conhece e confia em Deus.

17 | Mulheres intencionais na maternidade

IMAGINE A SEGUINTE CENA: a sua família, que mora em São Paulo, decide passar as férias no Nordeste. Vocês ouviram falar sobre a beleza das praias de lá e gostariam de conhecê-las. Então, no primeiro dia das férias familiares, todos entram no carro para dar início à tão esperada viagem.

Contudo, existe um problema: ninguém preparou nada para a viagem! Não escolheram o destino exato no Nordeste — se seria Natal, Salvador, Aracaju ou Recife. Também não consultaram a distância nem o percurso até lá; não fizeram reservas em nenhum hotel ou pousada; não pesquisaram o custo da viagem e não planejaram exatamente o que queriam fazer depois de chegar lá!

Será que as férias serão boas? Que atitude relapsa! Ninguém seria tão atrapalhado assim. Somente os mais relaxados deixariam de fazer os planos para um destino tão desejado para passar férias familiares.

Infelizmente, é assim que muitas de nós tratamos a vida familiar em geral e a criação dos nossos filhos em particular. Diferente de outras áreas das nossas vidas, para as quais traçamos muitos planos para chegar ao nosso objetivo, quando se trata da vida familiar, "empurramos tudo com a barriga".

Quando temos um alvo importante em nossas vidas — como um diploma a conquistar, um concurso a prestar ou uma meta de vendas para bater —, nós fazemos planos, calculamos custos, estabelecemos prioridades e traçamos a melhor rota para atingirmos o objetivo.

No entanto, tenho percebido que muitos pais não encaram a criação dos seus filhos com essa mesma dedicação. Sabem que querem filhos, almejam ter filhos bem-sucedidos, convertidos, que amam a Deus e que são uma bênção neste mundo, mas muitas vezes não passam disso. Belos sonhos, com certeza, mas não se chega a esse destino sem planejar muito bem a rota.

Graças a Deus, não precisamos desbravar novos caminhos na educação dos nossos filhos, como muitos hoje aparentemente creem. O Criador da família já deixou um mapa confiável para aqueles que desejam ter seu "GPS" guiado pelo Senhor. Para isso, precisamos confiar nele e ser *intencionais* ao seguirmos as rotas de Deus e investir na próxima geração.

Quantas vezes tenho sido abordada por mães jovens, querendo dicas para criarem seus filhos. Elas sabem o que querem no final do processo, mas não sabem como chegar lá. Sinto tristeza quando muitas vezes, após apontar o caminho, elas concluem que esse trajeto é muito difícil. Preferem andar por estradas mais confortáveis e fáceis. Querem o destino, mas não o caminho para chegar lá. Seria como querer chegar às praias do Nordeste dirigindo em direção ao Rio Grande do Sul. Não vão chegar nunca ao destino!

Nos últimos anos, Davi e eu temos conversado muito sobre uma situação que nos preocupa e nos deixa inquietos. Temos observado muitas famílias em que os pais realmente amam a Deus — são sérios, comprometidos, crentes de verdade; mas quantas dessas famílias têm perdido seus filhos para o mundo. Temos questionado qual seria a razão desse fato tão inesperado e triste.

A conclusão a que chegamos é a falta de intencionalidade bíblica na criação dos filhos. Muitos pais bem-intencionados não são intencionais na educação dos filhos. Às vezes fazem isso em nome da "graça", mas interpretam "graça" de forma equivocada, como sinônimo de libertinagem. Na tentativa de fugir de um legalismo que talvez tenha caracterizado suas próprias famílias de origem, esses pais levam o pêndulo para o outro lado e deixam de direcionar seus filhos intencionalmente nos caminhos do Senhor. Precisamos de equilíbrio, com intencionalidade e graça.

O texto clássico sobre educação de filhos nas Escrituras, sobre qual todas as outras passagens bíblicas sobre educação de filhos se constroem, é o "Shemá Israel" de Deuteronômio 6:4-7 (NVI):

> Ouça, ó Israel: O SENHOR, o nosso Deus, é o único SENHOR. Ame o SENHOR, o seu Deus, de todo o seu coração, de toda a sua alma e de todas as suas forças. Que todas estas palavras que hoje lhe ordeno estejam em seu coração. Ensine-as com persistência a seus filhos. Converse sobre elas quando estiver sentado em casa, quando estiver andando pelo caminho, quando se deitar e quando se levantar.

Esse texto nos apresenta uma ênfase dupla para sermos mães intencionais, com foco primeiro no *meu* coração e depois no coração do meu filho.

PARA REFLETIR E COMPARTILHAR

Quais são exemplos de como nós como mulheres traçamos planos e objetivos para as conquistas que realmente desejamos? Por que parece tão raro fazermos isso em prol das nossas famílias? Quais seriam objetivos bíblicos que Deus tem para a criação dos nossos filhos?

Todos nós conhecemos pais piedosos cujos filhos se desviaram da fé. À luz de Provérbios, embora todos nós como pais erramos muito na educação dos nossos filhos, chega a hora em que o filho precisa escolher o caminho que seguirá. Ele é o principal responsável pela própria vida, mas como nós como pais podemos ser intencionais em ajudar o filho a escolher bem?

1. FOCO NO *MEU* CORAÇÃO

Os versículos 4-6 enfatizam o coração dos pais. Para transmitir a fé para meus filhos, *eu* preciso conhecer Deus. Ele é o único *Senhor*, então devo tudo que sou e tenho a Ele. Não adianta querer criar o meu filho nos caminhos de Deus se eu não os conheço.

Como ser um guia turístico de lugares aonde nunca fui? Para amar a Deus com todo o meu coração, alma e força, preciso realmente conhecê-lo! Para ter as palavras dele em meu coração, preciso conhecê-las, estudá-las e entendê-las. Isso significa investir tempo estudando a Bíblia em comunhão com Deus.

Eu sei que achar um tempo para se debruçar sobre a Bíblia sem interrupções torna-se um grande desafio, especialmente para quem tem filhos pequenos. Feliz a mulher que tem um marido disposto a cuidar dos filhos por uns vinte minutos algumas vezes na semana, justamente para proporcionar um momento a sós com Deus para sua esposa! No entanto, mesmo sem essa parceria do marido, todas nós precisamos usar a nossa criatividade para sermos *intencionais* em gravar as palavras de Deus em nosso coração. Nunca conseguiremos levar nossos filhos ao destino tão desejado se nós mesmas não passarmos por aquelas regiões.

Deus sempre está pronto para nos atender, nos dar a sabedoria necessária e nos ajudar, mas muitas vezes Ele usa outras pessoas para nos socorrer. Uma mulher mais madura, experiente e sábia poderia repassar o conhecimento como alguém que já passou por esse caminho. Ela consegue apontar os perigos e os lugares onde é necessário prestar atenção à paisagem bonita.

Pode ser que você conheça muito bem a Bíblia e, portanto, não sinta a necessidade de dedicar tempo diário ao estudo da Palavra, assim como alguém que já decorou o mapa e não sente a necessidade de consultá-lo. No entanto, pessoas que fazem trajetos diários que poderiam percorrer de olhos fechados ainda utilizam o Waze ou Google Maps para verificar a possibilidade de imprevistos — um acidente, construção — e assim escolher passar pelo melhor caminho.

Quanto mais você conhece Deus e está em comunhão com Ele, mais sensível você estará para ouvir o Espírito Santo direcionando as suas atitudes, pensamentos e ações. Deus nos chama para renovar a nossa mente

— uma mente renovada medita na Palavra dele e está sensível ao direcionamento que Ele nos dá. Se quisermos acertar na direção, precisamos seguir o mapa, conhecer bem o caminho e obedecer ao direcionamento de quem sabe melhor do que nós — Deus.

Para refletir e compartilhar

Você prioriza um tempo diário lendo a Bíblia e orando? Você procura conhecer os planos de Deus e obedecer às ordens dele? O que mais impede que você seja intencional em seu tempo devocional com o Senhor?

Você tem uma amiga, conselheira ou mentora que é mais sábia e que serve como "guia" nos percursos da sua vida? Você tem sido uma companheira fiel de viagem de outras mulheres? Como melhorar em ambos os sentidos?

2. FOCO NO CORAÇÃO DO MEU FILHO

Uma vez que descobrimos a melhor rodovia para chegar ao destino, precisamos ser guias responsáveis para quem vem atrás de nós — os filhos. O mesmo texto que nos instrui como motoristas na rodovia da vida também nos mostra como ser guias confiáveis.

Deuteronômio 6:6,7

> Que todas estas palavras que hoje lhe ordeno estejam em seu coração. Ensine-as com persistência a seus filhos. Converse sobre elas quando estiver sentado em casa, quando estiver andando pelo caminho, quando se deitar e quando se levantar.

A frase "ensine-as com persistência" traduz uma única palavra na língua original, que outras versões traduzem por "inculcar". Ela traz a ideia de algo feito repetidas vezes, como usar uma pedra de amolar para afiar uma faca ou a ponta de uma flecha para penetrar o coração da caça. Trata-se de intencionalidade ao preparar a Palavra para penetrar o coração do filho.

Voltando à metáfora da viagem, a maioria das viagens que fazemos são aquelas que repetimos frequentemente: a caminho do supermercado, da igreja, da escola ou do parque. Essa é a ideia por trás da figura que Deus usa para nos mostrar como ensinar os nossos filhos. Fazemos isso intencionalmente, nos mesmos horários do dia e todos os dias, quando estiver sentada em casa, andando pelo caminho, quando se deitar e quando se levantar. Deus quer que sejamos intencionais ao ensinarmos os nossos filhos o caminho, para que cheguem ao destino certo.

Precisamos aproveitar todos os momentos e especialmente os momentos corriqueiros para ensinar os princípios da Palavra de Deus. Queremos descortinar atitudes erradas e sondar o coração do filho. Ensinar a louvar e agradecer a Deus por sua bondade e pelos presentes que Ele sempre nos dá faz parte da tarefa de colocar o filho no caminho certo. As nossas reações e atitudes diante de situações difíceis demonstra a dignidade de Deus, que é merecedor da nossa confiança e obediência. Usar ilustrações do dia a dia como visuais para ensinar princípios bíblicos segue o modelo dos pais em Provérbios que aproveitam formigas, construções inacabadas, pessoas viciadas e promíscuas para ensinar lições preciosas ao filho. Se buscamos a Deus em todos esses momentos, será natural falar de Deus e da sua Palavra com os filhos ao longo do dia e de forma intencional.

À luz do texto, podemos sugerir algumas maneiras de ensinar os filhos a tramitar nos caminhos do Senhor:

1. Sentado em casa – durante as refeições, assistindo à televisão, ajudando com a lição de casa.
2. Andando pelo caminho – no carro em família ou com o filho, em passeios.
3. Quando se deitar – momentos em que o coração parece estar mais acessível, antes de dormir, horário em que os filhos querem protelar.
4. Quando se levantar – nos primeiros momentos do dia, durante o café da manhã, estabelecendo logo cedo o tom do dia.

Não sabemos quanto tempo teremos para direcionar os filhos nessa viagem. O ideal seria 18, 20 ou 25 anos até que os filhos sejam independentes e saiam de casa. Contudo, não sabemos se teremos todo esse tempo. Na Bíblia, encontramos casos assim. Ana entregou Samuel com talvez 3 ou 4 anos a Eli. Joquebede também teve pouco tempo para ensinar o caminho certo para Moisés. E Daniel e José foram levados para países estrangeiros quando ainda eram adolescentes. Graças a Deus, seus pais souberam preparar os filhos para chegarem ao destino almejado durante o tempo que tiveram.

> **PARA REFLETIR E COMPARTILHAR**
>
> Em que sentido o papel de mãe parece com o de um guia turístico? Como podemos nos preparar melhor para essa tarefa?
>
> Como podemos aproveitar os horários do dia destacados por Deus em Deuteronômio 6:4-9 como momentos de ensino? Você consegue se lembrar de alguns exemplos práticos que já fez ou viu outras mães fazendo?

CONCLUSÃO

Achamos absurdo sair de férias sem planejar o lugar, a rota, a hospedagem e os passeios. Como mães, não podemos cometer o mesmo erro ao direcionar nossos filhos nos caminhos do Senhor!

Não existem garantias na criação dos nossos filhos. Deus é soberano, os pais são responsáveis, mas o filho ainda precisará escolher o caminho. Como pais, queremos ser os melhores guias possíveis para que o filho queira escolher o trajeto mostrado por Deus. Não conseguimos fazer isso em nossa própria força, pois somos falhas. Deus quer que dependamos inteiramente dele, sigamos os seus conselhos e nos submetamos às suas correções.

> **A GRANDE IDEIA**
>
> Os pais que amam a Deus de todo coração transmitem sua fé intencionalmente à outra geração.

18 | Mulheres belas: por dentro e por fora

Todas nós conhecemos, ou pelo menos já vimos mulheres formosas. O rosto, o cabelo, o corpo, a roupa — tudo parece ser perfeito. Do mesmo modo, imagino que todas nós também já nos decepcionamos com o caráter de algumas delas. Eu me lembro de uma foto que vi quando era pequena e comentei para minha mãe que achava aquela mulher linda! Ela falou para mim que muitas pessoas pareciam bonitas do lado de fora, mas o que importava era o que estava do lado de dentro. Acho que foi a primeira vez que comecei a entender que a beleza externa nem sempre reflete uma beleza interna.

Assistimos a atrizes que parecem ser maravilhosas na televisão, mas sabemos que elas têm vidas podres. Por outro lado, todas nós também conhecemos mulheres que o mundo não considera belas, mas que possuem uma nobreza de caráter que é verdadeiramente valiosa.

Eu tinha uma tia que nunca se passaria por modelo, mas era uma pessoa tão alegre e agradável, apesar das lutas difíceis pelas quais passou na vida, que todos queriam estar perto dela.

Vamos voltar nossa atenção para um texto que vimos no capítulo sobre a mulher virtuosa e que contrasta a beleza externa com a nobreza interna:

> Enganosa é a graça, e vã a formosura, mas a mulher que teme ao Senhor, essa será louvada. (Provérbios 31:10).

1. BELEZA EXTERNA

A palavra "graça" no texto traz a ideia de charme e favor, principalmente aquele adquirido com base em fatores externos. A segunda parte da linha, "e vã é a formosura", esclarece que o foco naquilo que está do lado de fora é extremamente passageiro, algo que aparece e logo desaparece.

Vamos examinar alguns aspectos da beleza externa.

A. É superficial

A aparência física por si só é algo enganoso. Ela facilmente decepciona, desaponta e até trai. Em teoria, pelo menos sabemos que Deus não valoriza tanto o exterior, mas sim o interior da pessoa. De imediato, lembramos o que Deus falou para o profeta Samuel quando esse viu Eliabe, irmão de Davi e, por razões superficiais, pensou que *ele* seria o próximo ungido do Senhor:

> Porém, o SENHOR disse a Samuel: "Não atentes para a sua aparência, nem para a sua altura, porque o rejeitei, porque o SENHOR não vê como o homem. O homem vê o exterior, porém o SENHOR, o coração" (1Samuel 16:7).

Mesmo assim, investimos horas para transformar a nossa carência em algo aceitável pela cultura, mas infelizmente não damos a mesma atenção para o que é muito mais valioso.

Na verdade, a formosura não permanece nem satisfaz. Já li alguns livros e artigos escritos por ex-modelos que tiveram carreiras de sucesso. Elas disseram que nunca estiveram satisfeitas com o próprio corpo.

Viviam se comparando com outras modelos, achando pequenos defeitos em si mesmas e por mais que fossem elogiadas, nunca era o suficiente.

É impossível atingir a perfeição. Como disse Salomão, autor de Eclesiastes, é como correr atrás do vento. Tudo isso seria até engraçado se não fosse tão triste, pois a opinião relacionada à beleza varia de pessoa para pessoa e de cultura para cultura. Alguns gostam da pessoa magra e outros mais cheinha, uns preferem cabelos longos e enrolados e outros gostam do liso curto. Existe uma infinidade de variedades, mas tudo isso não passa de superficialidade!

A beleza conforme o mundo varia de época para época e entre culturas. Estivemos visitando uma aldeia indígena onde os rapazes buscavam moças robustas com quem podiam se casar. As mocinhas magras se sentiam feias, pois o valor maior naquela cultura era ter um corpo forte o suficiente para trabalhar nas roças. Por outro lado, nós, na cultura ocidental, tendemos a valorizar a magreza. Em tempos passados quanto mais branca era a sua pele, mais bonita você seria. Hoje admiramos uma pele bronzeada. O mundo dita o que é belo e aceitável, mas toda hora muda de perspectiva. O que estava na moda alguns anos atrás, hoje achamos ridículo! Beleza externa realmente é superficial.

Beleza *meramente* exterior é enganosa, pois promove algo do lado de fora que não tem correspondência com o que está por dentro. Corremos atrás da beleza externa pensando que ficaremos satisfeitas e realizadas, mas isso não acontece. O vazio do lado de dentro continua.

B. É passageira

> Enganosa é a graça, e vã a formosura, mas a mulher que teme ao Senhor, essa será louvada (Provérbios 31:10).

A palavra "vã" traz essa ideia. É a mesma usada em Eclesiastes para descrever o que é transitório ou efêmero (literalmente, de um dia só). Traduzido várias vezes como "vaidade", descreve um vapor, uma fumaça, algo que aparece e logo some.

Certa vez li a autobiografia de uma modelo que começou a trabalhar ainda criança. A carreira dela deslanchou aos 17 anos até os 22, mas ela acabou doente, desiludida, descartada e até pensou em cometer suicídio.

A vida de modelo parecia atraente, chamativa e promissora, mas no fim foi uma ilusão e decepção.

Você já notou como nunca ficamos contentes com o momento em que vivemos? As meninas procuram parecer mais velhas; não veem a hora de se tornarem mocinhas, pois querem deixar a vida de criança o mais rápido possível. Depois de alguns anos, as mulheres fazem de tudo para parecer mais novas e voltar a ter o corpo que tinham quando eram jovens.

Gastamos muito tempo e dinheiro em maquiagem, cortes e tingimento de cabelo, cirurgias plásticas e academias, tudo isso para cobrir as nossas "imperfeições" e dar a impressão de algo que muitas vezes não é a nossa realidade. Não estou dizendo que devemos ser relaxadas com nossa aparência nem que o cuidado com o corpo não seja importante. Estou advertindo quanto ao foco, à razão pela qual investimos tempo demasiado nessa questão.

C. É uma distração

Uma ênfase demasiada na beleza externa pode desviar atenção daquilo que possui valor verdadeiro e duradouro. Precisamos ter o cuidado de não cair na armadilha de chamar atenção para o corpo como se fosse o mais importante de tudo. Pedro nos lembra: "Não seja o adorno da esposa o que é exterior, como frisado de cabelos, adereços de ouro, aparato de vestuário" (1Pedro 3:3).

Esse versículo não proíbe o uso de joias, roupas bonitas e cabelo arrumado, mas se preocupa com um certo equilíbrio. Às vezes, damos atenção demais ao cabelo, à roupa, à maquiagem e às joias. Conheço mulheres que não podem ser vistas por ninguém sem primeiro se produzir. Deus deseja que prestemos mais atenção naquilo que tem um valor duradouro, uma validade eterna.

Também somos tentadas a procurar elogios e aceitação pela aparência. Vamos ser honestas: quantas vezes nos vestimos para ouvir elogios de outras mulheres, dando mais importância para isso do que à opinião do próprio marido? Acabamos caindo na tentação de nos comparar a outras mulheres, algo que Deus chama de tolice: "Porque não ousamos classificar-nos ou comparar-nos com alguns que se louvam a si mesmos; mas eles, medindo-se consigo mesmos e comparando-se consigo mesmos, revelam insensatez" (2Coríntios 10:12).

A comparação nunca produz um fruto bom. Nós nos sentimos melhores que outras pessoas e caímos no orgulho, algo que Deus detesta. Ou nos decepcionamos conosco mesmas e caímos até em desânimo e depressão, porque nunca atingiremos o nível de perfeição que esperávamos. Não entre nessa montanha russa! Construa sua identidade na pessoa de Cristo, e não no temor aos homens (e mulheres!).

Débora Reimer, amiga e mentora que para mim exalava o bom perfume de Cristo por dentro e fora, certa vez escreveu:

> Muitas vezes, quando estou olhando no espelho, começo a notar as rugas que já estão surgindo no meu rosto. Até há pouco tempo atrás, isso não me chamava muito à atenção, mas à medida que os anos vão passando, quer queira, quer não, percebo que novas rugas e pés de galinha continuam aparecendo. Minha mente, então, começa agora a trabalhar fazendo mil perguntas: "Será que meu marido já notou essas rugas? Ele irá me amar com a mesma intensidade, depois de percebê-las em meu rosto?" Começo daí a me valer dos cremes e outros produtos de beleza que me garantem o desaparecimento das rugas. E, enquanto tento delas me livrar começo a recordar e meditar naquilo que a Palavra de Deus diz sobre a mulher.
>
> "A força e a glória são seus vestidos", "enganosa é a graça e vaidade a formosura, mas a mulher que teme ao Senhor, essa será louvada". Certamente o valor real da mulher está muito além da sua beleza física, que fica apenas na superfície, no lado de fora. Ela não precisa ser fisicamente atraente para reconhecer a Deus em todos os seus caminhos, para ser altruísta, piedosa, amorosa. Não é preciso ter um rosto liso, sem rugas, para desenvolver o domínio próprio, perseverança, sabedoria e coragem. No entanto, essas virtudes são as marcas do verdadeiro valor de uma mulher e essas são as qualidades que deviam chamar a nossa atenção quando vemos nosso rosto ao espelho. Compreendo então que a minha preocupação maior deve ser no tratamento da beleza interior que é a que permanece. As rugas virão, mesmo com o uso dos melhores cremes. Por isso, se eu me esforçar no desenvolvimento da própria beleza interior, as rugas bem profundas que lá estão, vão desaparecer, à medida que eu deixar o Espírito Santo operar em minha vida.
>
> Resolvi, portanto, ter como alvo, primeiramente, o cultivo do que pode ser belo interiormente, vivendo de acordo com os

ensinamentos de Deus. E é no lar, com meus filhos e marido que começo a pôr em prática esses ensinamentos, pois esse é o melhor lugar para eu aprender aos pés de Cristo, obedecendo e fazendo aquilo que Ele me ensina através de sua Palavra.

Quanto às rugas que o meu espelho indiscretamente revela, vou continuar a combatê-las com os cosméticos, sem lhe dar, porém, maior importância, pois sei que meu marido, se contemplar em mim a beleza interior, não irá observar tanto as rugas do lado de fora, pois afinal de contas, ele também já está notando os seus cabelos brancos.[1]

PARA REFLETIR E COMPARTILHAR

Você tem comprovado o que a Bíblia diz sobre beleza externa sendo superficial e passageira? Como podemos renovar nossa mente para não valorizar tanto o que é tão efêmero?

Quais são os perigos dos padrões de beleza externa que levam à comparação? Quais são as verdades eternas que devem nortear a formação da nossa identidade em Cristo?

2. BELEZA INTERNA

Falamos muito sobre beleza interna. Mas o que isso significa? Como é? Exclui a beleza externa? Como seria a beleza interna que glorifica a Deus?

Graças a Deus, temos respostas objetivas e claras a esse respeito nas Escrituras. Vamos traçar algumas das suas características.

A. É modesta e decente

O apóstolo Paulo chama mulheres para desenvolver sua beleza interior antes da beleza exterior:

> Da mesma sorte, que as mulheres, em traje decente, se ataviem com modéstia e bom senso, não com cabeleira frisada e com ouro, ou

---

[1] REIMER, Débora. *Entre Marta e Maria*. Atibaia, SP: Débora Reimer, 2010, p. 47,48.

pérolas, ou vestuário dispendioso, porém com boas obras (como é próprio às mulheres que professam ser piedosas) (1Timóteo 2:9,10).

Uma pessoa modesta pensa e fala a seu respeito sem orgulho. Modéstia inclui a ideia de humildade, moderação e simplicidade. Manifesta-se tanto na maneira de se vestir como na maneira de se comportar.

Alguém conhecido como decente tem respeito pelos bons costumes, é reservado, honesto, digno nas suas maneiras. Essas palavras descrevem a pessoa que não chama atenção para si mesma, alguém que tem bom senso.

Quem está mais interessada em apontar para a beleza de Cristo ao invés de chamar atenção para si e para o seu corpo se veste de forma modesta e decente. Ela entende que Jesus veio para transformar vidas, então se esforça para que o seu traje não tire o foco do Evangelho. Jesus quer que reflitamos a sua glória (Efésios 1:3,6). Ninguém consegue refletir a glória de Jesus em sua própria força. A nossa tendência natural sempre será focar o exterior, não o interior, muitas vezes por não gostarmos do que encontramos no interior ou por termos vidas superficiais.

Para refletir e compartilhar

A sua tendência é dar mais atenção para o corpo (externo) ou para a alma (interna)? Até que ponto as palavras "modesta" e "decente" descrevem você?

B. É temente a Deus

Provérbios 31:30 descreve a mulher virtuosa como temente a Deus: "A mulher que teme a Deus, essa será louvada".

O temor do Senhor une sentimentos que parecem opostos entre si, como amor e medo, intimidade e reverência, carinho e temor. C. S. Lewis, por vezes, captou a ideia por trás do temor do Senhor em sua série alegórica *As crônicas de Nárnia*. Certa vez, Lúcia perguntou para o castor falante se Aslam, o grande leão que representa Cristo, era um leão *seguro*. A resposta categórica é NÃO! Como rei de todos, ele era feroz e terrível — perigosíssimo. Mas ao mesmo tempo, ele era *bom* e as crianças poderiam passar as mãos e fazer carinho nele. Em outro momento, as crianças rolam com ele, brincando e se divertindo. No fim, Lewis comenta, "Lúcia não sabia bem se estava brincando com um gatinho ou com um furacão".[2] Esse é o temor do Senhor.

O equilíbrio entre a intimidade e o temor, a reverência e o amor, descreve um bom relacionamento com Deus. Andar com Ele, mesmo conhecendo a sua grandeza e majestade, necessita de humildade e aceitação de quem nós somos. Obedecer com confiança pela fé se torna uma ação natural para quem teme a Deus.

Quais seriam as vantagens para quem teme a Deus?

- ***O temor ao Senhor é seu próprio galardão.*** Quem anda com Deus logo se parece com Deus. Além disso, colhe o fruto de agradar a Deus, como diz Salmos 147:11: "Agrada-se o Senhor dos que o temem e dos que esperam na sua misericórdia".
- ***O temor do Senhor também nos dá sabedoria.*** "O temor do Senhor é o princípio do saber..." (Provérbios 1:7). "O temor do Senhor é o princípio da sabedoria, e o conhecimento do Santo é prudência" (Provérbios 9:10).
- ***O temor a Deus conduz à vida e satisfaz.*** "O temor do Senhor conduz à vida; aquele que o tem ficará satisfeito, e mal nenhum o visitará" (Provérbios 19:23).
- ***Quem teme a Deus está seguro.*** "Quem teme ao homem arma ciladas, mas o que confia no Senhor está seguro" (Provérbios 29:25).

Para refletir e compartilhar

Ser temente a Deus descreve a sua vida? Você anda com Deus no dia a dia? Como cultivar o hábito de viver sua vida sempre ciente da presença dele em todos os momentos?

---

[2] LEWIS, C. S. "O leão, a feiticeira e o guarda-roupa". *In: As crônicas de Nárnia*. São Paulo: Martins Fontes, 2002, p. 74 e 153.

A. É louvada

Como já vimos, a mulher de Provérbios 31 recebe louvor dos seus filhos e do seu marido: "Levantam-se seus filhos e lhe chamam ditosa; seu marido a louva, dizendo, muitas mulheres procedem virtuosamente, mas tu a todas sobrepujas" (Provérbios 31:28,29).

Gostamos muito de receber elogios de quem quer que seja, mas quando as pessoas que mais nos conhecem conseguem nos louvar de coração, realmente não tem preço. Se o marido e os filhos louvam o caráter dessa mulher, é porque ela realmente tem uma beleza verdadeira, e não fingida.

Para refletir e compartilhar

Em que área o seu caráter precisa crescer para que a pessoa interna seja mais notável do que a aparência externa?

CONCLUSÃO

Quero concluir citando uma carta de uma ex-aluna nossa, Fernanda Rocha, que foi diagnosticada com câncer de mama e, após uma grande luta, veio a falecer. Enquanto fazia os tratamentos, ela enviou uma carta para as amigas que ainda estudavam no seminário, deixando o seu desafio. Embora suas palavras talvez pareçam extremas, é impressionante como a doença e a morte iminentes mudam radicalmente nossa perspectiva sobre o que realmente importa na vida:

> Vejo e ouço todo dia na família, na TV, entre amigos e até entre as irmãs da igreja o tagarelar vazio e obtuso das queixas sobre como seus corpos estão cheios de celulite, estrias, flácidos, seus cabelos são secos ou oleosos, crespos, ou lisos demais. Isso me irrita profundamente!
>
> Além disso, vejo como é gasto somas enormes de dinheiro em tratamentos disso e daquilo que chega ao absurdo de injetar CO_2 sob a pele para melhorar a aparência! Hoje agradeço a Deus pela pochetinha de gordura que ganhei na barriga porque preciso me

injetar remédio todos os dias nessa gordura. Além do dinheiro e tempo gastos em tratamentos estéticos, penso naquelas que se submetem a cirurgias longas, que oferecem risco de morte (pois toda anestesia geral é uma surpresa), e extremamente dolorosas para corrigir, por exemplo, uma falha no nariz de tucano que não compromete a respiração, mas que a deixa com o perfil meio estranho. Aí a pessoa cai em depressão e acha que jamais será feliz porque nasceu com um ossinho a mais no nariz. Deveria ter nascido com um cérebro um pouco mais desenvolvido e uma alma um pouco mais grata a Deus por ter saúde perfeita, por poder sair de casa todos os dias, poder trabalhar, por ter tido oportunidade de estudar, ter um marido, uma família e ser normal!

Não espere que um câncer, um AVC, um acidente a tire de seu mundinho de reclamações e insatisfações para dar valor ao que tem. Não fique deprimida porque seu filho lhe deixou com estrias na barriga. Caramba! Você tem um filho! Não pense em se submeter a uma cirurgia de prótese de silicone porque você foi capaz de amamentá-lo e agora seus peitos estão caídos. Que bom! Você tem peitos!

Antes de pensar em melhorar a aparência todas as mulheres deveriam pensar em melhorar suas almas, seu relacionamento com Deus, seu conceito de vida e bem-estar. Muitos anos atrás uma jovem da igreja que eu frequentava passou por algumas cirurgias estéticas completamente desnecessárias. Na época eu tinha vinte e poucos anos e estava no auge da vitalidade, e quando argumentei com ela que era uma coisa tola o que ia fazer, ela me respondeu de forma muito irritada com palavras mais ou menos do tipo: "Você é linda! Nasceu assim, não precisa corrigir nada, se eu fosse como você também seria feliz". Resignei-me e deixei quieto.

Não digo pra que as mulheres deixem de se cuidar, pintar os cabelos, fazer as unhas, cuidar da saúde, fazer exercícios físicos e manter a dieta em ordem. Falo dos exageros e da profunda infelicidade que as mulheres estão entrando em nome do corpo. Hoje, se eu tivesse mais coragem, eu chamaria esta pessoa à minha casa e tiraria minha peruca, minha prótese externa e minha roupa para ela ver como minha barriga é uma verdadeira peneira entre hematomas, como perdi completamente o tônus muscular e por aí vai. Então, ao invés de ficar quieta, eu diria: "Seria a mais mentirosa das criaturas se dissesse que não quero tudo de volta. Sonho à noite que penteio meus cabelos longos, me imagino com um bebê no colo mamando em meus seios, desejo poder usar novamente um biquíni ou um vestido tomara-que-caia. Tudo isso é sinônimo de normalidade, liberdade para mim, mas nunca de felicidade. O que diz agora, minha amiga? Quer ser como eu e ter minha felicidade? Porque sou sincera ao dizer que apesar de tudo o que perdi e sei que jamais terei novamente como era, com Jesus e minha família ao meu lado eu continuo sendo feliz, de uma forma mais madura e consciente, mas feliz![3]

Para refletir e compartilhar

Qual foi o impacto desse testemunho de uma mulher que enfrentava um câncer?

Escolha algo do seu corpo pelo qual você normalmente reclama e pense como poderia agradecer por aquilo.

A GRANDE IDEIA

A beleza interior vem pelo temor ao Senhor.

---

[3] ROCHA, Fernanda. Correspondência pessoal, Seminário Bíblico Palavra da Vida. Usada com permissão do seu marido, Pr. Jean Rocha.

Conclusão: Mulheres parecidas com Jesus

DEUS TEM ME CONCEDIDO o grande privilégio de conhecer muitas mulheres em diversos contextos de vida. Tenho visto mulheres de culturas pouco semelhantes à nossa, com chamados e propósitos de vida diferentes e com sonhos bem variados. Também já observei diferenças grandes na maneira delas reagirem quando acontece algo que não se encaixa nas suas expectativas. Não foi bem assim que elas imaginavam ser a vida. Algumas aceitam o desafio, sabendo que Deus as capacita, ajudando a mudarem de rota. Outras, ao serem desafiadas a crescerem, negam fazer qualquer coisa que não esteja de acordo com o seu "perfil". A verdade é que todas encontrarão algumas surpresas pelo caminho. Eu pergunto: como irão reagir quando o inesperado acontecer?

Deus nos ama do jeito que somos, mas não quer que permaneçamos assim. Ele quer nos transformar à imagem do seu Filho. Se abraçamos Jesus como nosso Salvador, somos salvas e totalmente aceitas por Deus. Deus nos ama o suficiente para querer o nosso bem e o nosso bem significa parecer a cada dia mais e mais com Jesus, a segui-lo em todos os caminhos por onde nos levar.

Em conversas com várias mulheres, tenho ouvido a frase: "Este não é o meu perfil". Já ouvi essa frase sendo usada como uma desculpa para a pessoa não fazer algo de que não gosta, mas que talvez Deus esteja pedindo dela. Ao sermos desafiadas com princípios da Palavra de Deus, mudanças que precisam ser feitas em nosso caráter, somos tentadas a nos desculpar dizendo que "somos assim mesmo, não tem jeito".

Também já ouvi mulheres que receberam um chamado de Deus para servi-lo em campos missionários difíceis, que realmente não eram do seu perfil. Elas demonstraram disposição em serem trabalhadas pelo Espírito Santo, a serem transformadas, pedindo que Deus mudasse o seu perfil. É essa ideia que Paulo transmite em 2Coríntios 3:4-6a:

E é por intermédio de Cristo que temos tal confiança em Deus; não que por nós mesmos sejamos capazes de pensar alguma cousa, como se partisse de nós; pelo contrário, a nossa suficiência vem de Deus, o qual nos habilitou para sermos ministros de uma nova aliança.

É Deus quem nos capacita. Ele procura pessoas dispostas a depender exclusivamente dele para fazer a obra que somente Ele pode fazer.

A minha oração ao escrever este livro tem sido que cada uma de vocês esteja disposta a seguir mais a Jesus para ser cada vez mais parecida com Ele. Espero que enquanto estudou o livro, Deus apontou áreas em sua vida em que Ele deseja trabalhar. Que você esteja disposta a confiar nele o suficiente para obedecê-lo e segui-lo e então refletir a beleza de Cristo em sua vida.

Apêndices

Apêndice 1:
A mulher que Deus usou

Há muito debate hoje sobre o papel da mulher no lar, na igreja e na comunidade. Seja qual for a posição de cada uma, fica claro, à luz das Escrituras, que Deus tem usado mulheres ao longo da história de muitas maneiras maravilhosas. A mulher não precisa buscar papéis, posições e poderes a mais quando Deus já lhe deu muito para fazer — inclusive funções que homens não podem desempenhar. A seguir, uma tabela que resume alguns desses ministérios de mulheres ao longo das Escrituras.

Nome	Texto(s)	Ministério	Observações
Joquebede	Êxodo 1, 2:1-11, 6:20	Educação e preparação de Moisés (Arão e Miriã) como libertadores do povo de Deus	Inculcou nos filhos sua identidade como povo de Deus apesar do ambiente hostil (Hebreus 11:23-26).
Miriã	Êxodo 15:20,21	Liderança de coro feminino (com coreografia!) Profetisa	Note o que aconteceu quando ela tentou usurpar a autoridade de Moisés (Números 12:1-16).
Mulheres que serviram na entrada da Tenda da congregação	Êxodo 38:8 (1Samuel 2:22)	Serviços práticos diversos na entrada do Tabernáculo (recepção ou orientação, por exemplo)	Desde o início, mulheres estavam envolvidas no serviço do Tabernáculo.
Débora	Juízes 4-5	Juíza sobre Israel Profetisa Cantora	Débora tentou encorajar Baraque a assumir sozinho a liderança, mas se juntou a ele, e Deus deu a vitória por meio de uma mulher.

Nome	Texto(s)	Ministério	Observações
Rute	Rute	Provedora da família (Noemi)	Exemplifica o cuidado de viúvas esperado também de mulheres cristãs (1Timóteo 5).
Ana	1Samuel 1, 2	Educação de Samuel para ser juiz em Israel. Composição de hino de louvor	Influência no caráter de Samuel nos anos formativos.
Mulher Sunamita	2Reis 4:8ss	Hospedagem de Eliseu (sala de profeta)	Primeira de muitas mulheres que têm abençoado os servos do Senhor.
Hulda	2Reis 22:14-20	Profetisa	Porta-voz de Deus sobre o julgamento de Judá (e a preservação de Josias).
Ester	Ester	Rainha que salvou a nação de Israel	Debate-se se Deus salvou o povo POR CAUSA de Ester ou APESAR DE Ester?
Maria	Lucas 1:46ss	Criação de Jesus. Composição do "Magnificat"	Modelo de piedade e humildade.
Ana	Lucas 2:36-38	Ministério de adoração (oração/jejum). Profetisa	Sempre há algo que podemos fazer em prol do ministério do Reino.
Maria Madalena, Joana, Suzana e outras	Lucas 8:2,3; 23:49; 24:10	Patrocinadoras de Jesus e os discípulos. Assistência filantrópica para sustentar Jesus	Coragem, generosidade, perseverança.
Maria e Marta	Lucas 10	Hospitalidade, alimentação e sustento de Jesus e discípulos	Lições de serviço e prioridade no ministério

Nome	Texto(s)	Ministério	Observações
Dorcas	Atos 9:36ss	Serviço prático, boas obras, esmolas, cuidado de viúvas	Uma mulher desprendida que fez muita falta quando faleceu.
Lídia	Atos 16:14	Liderança de encontro de oração de mulheres Hospitalidade e sustento de Paulo e cia.	Pedra fundamental no início da igreja local em sua região.
Priscila	Atos 18:2, 18, 19, 26 1Coríntios 16:19 2Timóteo 4:19	Discipuladora, conselheira, empreendedora Anfitriã de igrejas locais	Sempre ao lado do marido; discreta e desprendida.
Filhas de Filipe	Atos 21:8,9	Profetisas na Igreja Primitiva	Tal pai, tal filha!
Febe	Romanos 16:1ss	Serva da Igreja Protetora de Paulo e outros	Talvez uma diaconisa; serva fiel do Senhor.
Mãe de Rufu	Romanos 16:13	"Mãe" para o apóstolo Paulo	Sabemos mais sobre ela do que sobre a própria mãe do apóstolo Paulo.
Viúvas	1Timóteo 5:9,10	(Fidelidade conjugal) Boas obras (Criação de filhos) Hospitalidade Serviço prático (lavar pés dos santos) Socorro dos necessitados Boas obras	Uma vida de serviço a outros é honrada por Deus e pela família de Deus.

Nome	Texto(s)	Ministério	Observações
Mulheres mais velhas	Tito 2:4,5	Discipulado, ensino das jovens	Um currículo claro dado por Deus para o ministério com mulheres na Igreja.
Eunice e Loide	2Timóteo 1:5; 3:14, 15	Ensino das Escrituras a Timóteo (crianças?)	O impacto que uma mãe e avó podem ter na formação de uma nova geração de líderes, mesmo sem o envolvimento dos maridos.

Resumo

A lista de ministérios é diversificada e grande, mesmo que não inclua tudo que algumas mulheres hoje gostariam de exercer. Veja o resumo de alguns dos ministérios desenvolvidos nas Escrituras:

- Liderança de coro feminino
- Ministério de adoração
- Ministério de recepção e orientação (serviço da Tenda)
- Composição de hinos
- Assistência filantrópica
- Profecia
- Hospedagem e alimentação de servos de Deus
- Aconselhamento
- Discipulado
- Preparação de filhos para serem líderes
- Ensino de jovens
- Hospedagem de igrejas locais
- Serviço prático de servir a igreja
- Cuidado de viúvas
- Liderança de grupos de oração de mulheres

Apêndice 2:
Conhecendo e sendo conhecida

Esta ficha pode ser reproduzida e distribuída para os membros do grupo em papel ou digitalmente.

Para podermos nos conhecer um pouco melhor, pedimos que cada uma preencha esta ficha e a entregue a líder do seu grupo. Só preencha os espaços que você quer que outros conheçam a seu respeito.

Nome completo:	
Se casada, o aniversário de casamento:	Seu aniversário de nascimento:
Filhos (nomes e idades):	
Profissão:	Profissão do marido (se casada):
Telefone/WhatsApp:	
E-mail:	
Outra mídia social:	
Alguns pedidos de oração:	

Apêndice 3:
Caderno de oração

Use estas folhas para registrar os pedidos de oração dos outros membros do grupo e as respostas que Deus lhes der.

Data	Nome	Pedido	Resposta

Data	Nome	Pedido	Resposta

Apêndice 3: Caderno de oração

Data	Nome	Pedido	Resposta

Data	Nome	Pedido	Resposta

Apêndice 4:
Perguntas para perfis[1]

Não raro, as pessoas sentem dificuldade para falar de si mesmas, mas com um pouco de encorajamento podem se abrir e edificar a muitos pelas suas experiências de vida. Algumas perguntas podem ajudar a entrevistadora em sua tarefa de facilitar a transparência em um grupo pequeno. Deve-se ter bastante cuidado, no entanto, visando selecionar as perguntas certas para a pessoa certa e conduzir a entrevista de modo a não ultrapassar o limite de liberdade pessoal ou constranger desnecessariamente a entrevistada. O propósito é promover maior conhecimento mútuo para poder encorajar uma a outra ao amor e às boas obras (Hebreus 10:24,25).

Gerais:
1. Se você pudesse estar durante duas horas com algum personagem histórico (excluindo o Senhor Jesus e pessoas da sua própria família), quem você escolheria?
2. Se você pudesse imaginar a sua vida no ano 2035, como seria em termos de família, profissão, alvos atingidos e a atingir, peso e cor de cabelos, outros...
3. Qual é o seu maior medo?
4. Fale sobre uma viagem inesquecível.
5. O que você gostaria de ver escrito como "lema final de sua vida" e por quê?
6. Se pudesse "matar" uma coisa em sua vida (eliminar um hábito), qual escolheria?
7. Em qual destas áreas acha que necessita de maior aprimoramento: vida familiar, cuidado físico, profissão, estudo?

---
[1] Adaptado de MERKH, David. *101 ideias criativas para grupos pequenos*. São Paulo: United Press, 2003.

8. Qual é a maior dificuldade que imagina ter pela frente nos próximos três meses?
9. Fora a Bíblia, qual livro mais marcou sua vida e por quê?
10. O que você mais aprecia em seu trabalho?

Casamento:
11. Descreva seu esposo em cinco palavras.
12. Qual característica ou qualidade mais se destaca em seu cônjuge?
13. Como vocês se conheceram?
14. Descreva a primeira vez em que saíram sozinhos.
15. Qual seria o conselho principal para um bom casamento que você daria para uma jovem noiva?
16. Descreva uma aventura ou viagem marcante que fez com seu cônjuge.

Infância/família:
17. Quando você era criança, qual foi a maior "arte" que você aprontou?
18. Qual a pior doença que já teve?
19. Você tem maior afinidade com seu pai ou com sua mãe? Por quê?
20. O que sua família mais gostava de fazer nas férias?
21. Qual aniversário ficou mais gravado em sua vida e por quê?
22. Quando olha para os acontecimentos em sua vida, qual deles lhe traz maior alegria? Qual traz maior realização? Por quê?
23. Qual é a matéria mais difícil que você já cursou em uma escola?

Igreja:
24. Qual aspecto mais positivo você identifica em nossa igreja (ou grupo, escola etc.)?
25. Se pudesse descrever uma igreja "ideal" para você e sua família, como seria quanto a número de membros, horário dos cultos, tipo de liderança, tipo de atividades etc.?

26. Com que idade você se converteu e a quais igrejas pertenceu?
27. Em que área acredita poder contribuir melhor servindo ao corpo de Cristo (ministério)?
28. Qual é o seu dom espiritual?
29. O que você identifica como sendo a maior necessidade da igreja brasileira e por quê?
30. Como você veio a frequentar esta igreja?

Vida cristã:
31. Qual pessoa mais influenciou sua vida cristã e como?
32. Se você fosse escolher uma pessoa como seu modelo de vida cristã, para quem olharia e por quê?
33. Qual resposta de oração mais marcante você recebeu no último ano? E no último mês?
34. Qual é o seu livro bíblico predileto e por quê? Qual é o versículo?
35. Que pedido de oração quer deixar com o grupo?

Outras...
36. _____
37. _____
38. _____
39. _____
40. _____

Apêndice 5:
Modelo de Certificado de Conclusão

Certificado

O Ministério de Mulheres da Igreja

oferece o presente certificado a

Nome

em reconhecimento da sua conclusão dos estudos do livro

Mulheres [mais] parecidas com Jesus

Local _____   Data: _____/_____/_____

_____   _____
Pastor titular da igreja   Responsável pelo Ministério

Sobre os autores

Carol e David Merkh são casados desde 1982. O casal tem seis filhos: Davi (casado com Adriana), Michelle (casada com Benjamin), Juliana, Daniel (casado com Rachel), Stephen (casado com Hannah) e Keila (casada com Fabrício). Carol e David tinham 21 netos quando esse livro foi escrito.

Carol formou-se em Pedagogia na Universidade de Cedarville, EUA, 1982. Foi criada no Brasil desde os 3 anos de idade. Voltou com seu marido em 1987 para servir no Seminário Bíblico Palavra da Vida em Atibaia, SP e na Primeira Igreja Batista de Atibaia. Hoje, Pr. David e Carol servem a *Word of Life International*, ministrando na área de vida familiar do missionário para os mais de 1500 missionários em mais de 80 países da missão.

O pastor David é bacharel pela Universidade de Cedarville, EUA, 1981, com mestrado em Teologia (Th.M.) pelo Dallas Theological Seminary, EUA, 1986, e com doutorado em Ministérios (D.Min.), com ênfase em Ministério Familiar no mesmo seminário (2003).

O casal também ministra em conferências e congressos para casais e famílias e tem desenvolvido um ministério para as famílias de missionários e pastores ao redor do mundo. David e a esposa são autores de 21 livros sobre vida familiar e ministério prático pela Editora Hagnos. Alguns desses livros já foram traduzidos para o espanhol e outras línguas.

David e Carol têm um canal de YouTube, "Palavra e Família", com muitos programas sobre vida familiar. Seu site www.palavraefamilia.org.br hospeda mensagens da rádio BBN do programa "Palavra e Família". Siga-os no Instagram: @ministerio_palavraefamilia.

Outros livros dos autores

O leitor que encontrou aqui material útil apreciará outros livros do autor de abordagem bíblica e prática para a Igreja brasileira.

COMENTÁRIO BÍBLICO: LAR, FAMÍLIA E CASAMENTO

Um comentário expositivo sobre todos os principais textos bíblicos sobre a família. Nesse guia sistemático e altamente bíblico, pastores, líderes de ministérios familiares, estudiosos e casais encontrarão uma enciclopédia de informações úteis e agradáveis que podem transformar para sempre seus lares e as famílias para quem ministram.

SÉRIE *15 LIÇÕES*

15 Lições para transformar o casamento

15 estudos sobre os fundamentos de um lar cristão, incluindo lições sobre o propósito de Deus para a família, reavivamento a partir do lar, aliança e amizade conjugais, finanças, papéis, comunicação e sexualidade no lar.

15 Lições para educação de filhos

15 estudos sobre a criação de filhos, incluindo lições sobre o discipulado e a disciplina de crianças, com ênfase em como alcançar o coração do seu filho.

15 Lições para fortalecer a família

15 estudos sobre temas e situações preocupantes no casamento, mas que começa com uma perspectiva equilibrada sobre mudança bíblica, ou seja, o que Deus quer fazer no coração de cada um apesar de e por causa das "tempestades" pelas quais passam. Inclui estudos sobre: maus hábitos, crítica, parentes, finanças, sogros, discussões e decisões sobre o futuro.

LIVROS SOBRE TÓPICOS FAMILIARES:

151 boas ideias para educar seus filhos

Uma coletânea dos textos bíblicos voltados para a educação de filhos, com sugestões práticas e criativas para sua aplicação no lar.

O legado dos avós (David Merkh e Mary-Ann Cox)

Um livro escrito por uma sogra, em parceria com seu genro, sobre o desafio bíblico para deixarmos um legado de fé para a próxima geração. Inclui:

- 13 capítulos desenvolvendo o ensino bíblico sobre a importância do legado, apropriados para estudo em grupos pequenos, Escola Bíblica, grupos da terceira idade etc.
- 101 ideias criativas de como os avós podem investir na vida dos netos.

O namoro e noivado que DEUS sempre quis (David Merkh e Alexandre Mendes)
Uma enciclopédia de informações e desafios para jovens que querem seguir princípios bíblicos e construir relacionamentos sérios e duradouros para a glória de Deus.

Perguntas e respostas sobre o namoro (David Merkh e Alexandre Mendes)
Respostas às dúvidas mais comuns sobre a construção de relacionamentos que glorificam a Deus.

Homem nota 10
Esse manual de 18 estudos visa encorajar homens a serem tudo que Deus deseja que sejam. Dezoito estudos examinam as listas de qualidades do homem de Deus conforme 1Timóteo 3 e Tito 1.

Homens mais parecidos com Jesus
Esse guia de discipulado tem 13 estudos sobre o caráter e a conduta de homens que parecem cada vez mais com Cristo Jesus. Estudos indutivos seguem o plano de Deus para o homem desde a Criação, passando pela Queda e a restauração da verdadeira masculinidade encontrada em Cristo.

Casamento nota 10
Muitos casais hoje não tiveram o privilégio de conviver com mentores ou uma família modelo para prepará-los para os desafios da vida a dois, mas a Palavra de Deus oferece esperança para termos lares sólidos quando deixamos Jesus ser o construtor da família. *Casamento nota 10* serve como guia fiel da vida matrimonial para casais de noivos, recém-casados e aqueles com muitos anos de vida conjugal. Escrito para uso individual, para casais ou para grupos de estudo bíblico, os princípios fundamentais para um casamento bem-sucedido são compartilhados de forma devocional e prática.

Cantares para casais
O livro de Cantares talvez seja o livro mais mal interpretado e ignorado da Bíblia, mas fala em claro e alto som sobre sua vontade para o relacionamento amoroso entre o homem e a mulher. Siga a história romântica de Salomão e a Sulamita desde o noivado até as núpcias, desde a tensão e do conflito depois da lua de mel até a reconciliação e o aprofundamento

do amor. Aprenda princípios bíblicos expressos em forma poética e lírica que transformarão para sempre seus conceitos de amor, romance, casamento e sexo.

SÉRIE *101 IDEIAS CRIATIVAS*

101 ideias criativas para a família
Apresenta sugestões para enriquecer a vida familiar, com ideias práticas para:

- o relacionamento marido-esposa
- o relacionamento pai-filho
- aniversários
- refeições familiares
- a preparação para o casamento dos filhos
- viagens

101 ideias criativas para o culto doméstico
Recursos que podem dinamizar o ensino bíblico no contexto do lar e deixar as crianças "pedindo mais".

101 ideias criativas para grupos pequenos
Um livro que ajuda muitos no ministério com grupos familiares e nos vários departamentos da igreja. Inclui ideias para quebra-gelos, eventos e programas sociais e brincadeiras para grupos pequenos e grandes.

101 ideias criativas para mulheres (Carol Sue Merkh e Mary-Ann Cox)
Sugestões para transformar chás de mulheres em eventos inesquecíveis, que causam impacto na vida das mulheres. Inclui ideias para chás de bebê, chás de cozinha e reuniões gerais da sociedade feminina da igreja. Termina com dez esboços de devocionais para encontros de mulheres.

101 ideias criativas para professores (David Merkh e Paulo França)
Dinâmicas didáticas para enriquecer o envolvimento dos alunos na aula e desenvolver a melhor compreensão do seu ensino.

SÉRIE *PAPARICAR*

101 ideias de como paparicar seu marido
Textos bíblicos com aplicações práticas para a esposa demonstrar amor para seu marido.

101 ideias de como paparicar sua esposa
Textos bíblicos com aplicações práticas para o marido demonstrar amor para sua esposa.

Sua opinião é importante para nós.
Por gentileza, envie-nos seus comentários pelo e-mail:

editorial@hagnos.com.br

Visite nosso site:

www.hagnos.com.br